COLLECTION D'AUTEURS ÉTRANGERS

FRÉDÉRIC NIETZSCHE
—

Par delà
le Bien et le Mal

Prélude d'une philosophie de l'avenir

TRADUIT PAR

HENRI ALBERT

DIXIÈME ÉDITION

PARIS
MERCVRE DE FRANCE
XXVI, RVE DE CONDÉ, XXVI

PAR DELA LE BIEN ET LE MAL

Prélude d'une philosophie de l'avenir

OUVRAGES DU MÊME AUTEUR

PAGES CHOISIES, publiées par HENRI ALBERT, avec une préface. Portrait de Frédéric Nietzsche, gravé sur bois par JULIEN TINAYRE. Un fort vol. in-18... 3.50

L'ORIGINE DE LA TRAGÉDIE, ou *Hellénisme et Pessimisme*, traduit par JEAN MARNOLD et JACQUES MORLAND. Un volume in-18... 3.50

CONSIDÉRATIONS INACTUELLES *(David Strauss. Les Études historiques)*, traduit par HENRI ALBERT. Un volume in-18 3.50

HUMAIN, TROP HUMAIN (Ire partie), traduit par A.-M. DESROUSSEAUX. Un volume in-18................................... 3.50

LE VOYAGEUR ET SON OMBRE, *Opinions et Sentences mêlées* (Humain, trop humain, IIe partie). Un volume in-18.... 3.50

AURORE *(Réflexions sur les Préjugés moraux)*, traduit par HENRI ALBERT. Un volume in-18............................... 3.50

LE GAI SAVOIR (*La Gaya Scienza*), traduit par HENRI ALBERT. Un volume in-18... 3.50

AINSI PARLAIT ZARATHOUSTRA, traduit par HENRI ALBERT. Un volume in-18... 3.50

PAR DELA LE BIEN ET LE MAL, *Prélude d'une philosophie de l'avenir*, traduit par HENRI ALBERT. Un vol. in-18....... 3.50

LA GÉNÉALOGIE DE LA MORALE, traduit par HENRI ALBERT. Un volume in-18... 3.50

LE CRÉPUSCULE DES IDOLES, LE CAS WAGNER, NIETZSCHE CONTRE WAGNER, L'ANTÉCHRIST, traduits par HENRI ALBERT. Un volume in-18.. 3.50

LA VOLONTÉ DE PUISSANCE, *Essai d'une transmutation de toutes les valeurs*, traduit par HENRI ALBERT. 2 volumes in-18.... 7 »

ECCE HOMO, suivi des POÉSIES, traduit par HENRI ALBERT. Un volume in-18.. 3.50

SOUS PRESSE

CONSIDÉRATIONS INACTUELLES *(deuxième série)*............ 1 vol.

ŒUVRES COMPLÈTES DE FRÉDÉRIC NIETZSCHE

PUBLIÉES SOUS LA DIRECTION DE HENRI ALBERT

FRÉDÉRIC NIETZSCHE

Par delà le Bien et le Mal

Prélude d'une philosophie de l'avenir

TRADUIT PAR

HENRI ALBERT

DIXIÈME ÉDITION

PARIS
MERCVRE DE FRANCE
XXVI, RVE DE CONDÉ, XXVI

MCMXIII

IL A ÉTÉ TIRÉ DE CET OUVRAGE :

*Douze exemplaires sur papier de Hollande,
numérotés de 1 à 12.*

JUSTIFICATION DU TIRAGE

9613

Droits de traduction et de reproduction réservés pour tous pays, y compris
la Suède et la Norvège.

AVANT-PROPOS

En admettant que la vérité soit femme, n'y
urait-il pas quelque vraisemblance à affirmer que
ous les philosophes, dans la mesure où ils étaient
es dogmatiques, ne s'entendaient pas à parler de
a femme? Le sérieux tragique, la gaucherie impor-
une qu'ils ont déployés jusqu'à présent pour con-
uérir la vérité étaient des moyens bien maladroits
t bien inconvenants pour gagner le cœur d'une
emme. Ce qui est certain, c'est que la femme dont
l s'agit ne s'est pas laissé gagner; et toute espèce
e dogmatique prend maintenant une attitude triste
t découragée, si tant est qu'elle garde encore une
ttitude quelconque. Car il y a des railleurs pour
rétendre qu'elle n'en a plus du tout, qu'elle est
ar terre aujourd'hui, — pis encore, que toute
ogmatique est à l'agonie. Pour parler sérieuse-
ent, je crois qu'il y a de bons motifs d'espérer
ue tout dogmatisme en philosophie — quelle que
ût son attitude solennelle et quasi-définitive —

n'a été qu'un noble enfantillage et un balbutiement.
Et peut-être le temps n'est-il pas éloigné où l'on
comprendra sans cesse à nouveau ce qui, en somme,
suffit à former la pierre fondamentale d'un pareil
édifice philosophique, sublime et absolu, tel que
l'élevèrent jusqu'à présent les dogmatiques. Ce fut
une superstition populaire quelconque, datant des
temps les plus reculés (comme, par exemple, le préjugé du sujet et du moi) ; ce fut peut-être un jeu
de mot quelconque, une équivoque grammaticale,
ou quelque généralisation téméraire de faits très
restreints, très personnels, très humains, trop
humains. La philosophie des dogmatiques n'a été,
espérons-le, qu'une promesse faite pour des milliers
d'années, comme ce fut le cas de l'astrologie, à une
époque antérieure encore, — de l'astrologie, au service de laquelle on a dépensé peut-être plus de travail, d'argent, de perspicacité, de patience, qu'on
ne l'a fait depuis pour toute science véritable; et
c'est à elle aussi, à ses aspirations supra-terrestres, que l'on doit, en Asie et en Egypte, l'architecture de grand style. Il semble que toutes les grandes choses, pour graver dans le cœur de l'humanité
leurs exigences éternelles, doivent errer d'abord
sur la terre en revêtant un masque effroyable et
monstrueux. La philosophie dogmatique prit un
masque de ce genre, lorsqu'elle se manifesta dans

a doctrine des *Veda* en Asie ou dans le Platonisme en Europe. Ne soyons pas ingrats à son égard, bien qu'il faille avouer que l'erreur la plus néfaste, la plus pénible et la plus dangereuse qui ait jamais été commise a été une erreur des dogmatiques, je veux dire l'invention de l'esprit et du bien en soi, faite par Platon. Or, maintenant que cette erreur est surmontée, maintenant que l'Europe, délivrée de ce cauchemar, se reprend à respirer et jouit du moins d'un sommeil plus salutaire, c'est nous, nous *dont le devoir est la vigilance même*, qui héritons de toute la force que la lutte contre cette erreur a fait grandir. Ce serait en effet poser la vérité tête en bas, et nier la *perspective*, nier les conditions fondamentales de toute vie que de parler de l'esprit et du bien à la façon de Platon. On pourrait même se demander, en tant que médecin, d'où vient cette maladie, née sur le plus beau produit de l'antiquité, chez Platon? Le méchant Socrate l'aurait-il corrompu? Socrate aurait-il vraiment été le corrupteur de la jeunesse? Aurait-il mérité la ciguë? — Mais la lutte contre Platon, ou, plutôt, pour parler plus clairement, comme il convient au « peuple », la lutte contre l'oppression christiano-ecclésiastique exercée depuis des milliers d'années — car le christianisme est du platonisme à l'usage du « peuple » — cette lutte a créé en Europe une merveilleuse tension de l'esprit, telle qu'il n'y en eut pas encore sur terre : et avec un arc si fortement tendu il est possible, dès lors, de tirer sur les cibles les plus lointaines. Il est vrai que l'homme d'Europe souffre de cette tension et, par deux fois, l'on fit de vastes tentatives pour détendre l'arc ; ce fut d'abord par le jésuitisme et ensuite par le rationalisme démocratique. A l'aide de la liberté de la presse, de la lecture des journaux, il se pourrait que l'on obtînt véritablement ce résultat : l'esprit ne mettrait plus tant de facilité à se considérer comme un « péril ». (Les Allemands ont inventé la poudre — tous nos compliments ! Ils se sont rattrapés depuis — ils ont inventé la presse.) Mais nous, nous qui ne sommes ni jésuites, ni démocrates, ni même assez Allemands, nous autres bons Européens et esprits libres, très libres esprits — nous sentons encore en nous tout le péril de l'intelligence et toute la tension de son arc! Et peut-être aussi la flèche, la mission, qui sait ? le but peut-être…

Sils Maria, Haute-Engadine.
Juin 1885.

CHAPITRE PREMIER

LES PRÉJUGÉS DES PHILOSOPHES

I.

La volonté du vrai, qui nous égarera encore dans bien des aventures, cette fameuse véracité dont jusqu'à présent tous les philosophes ont parlé avec vénération, que de problèmes, cette volonté du vrai n'a-t-elle pas déjà soulevés pour nous? Que de problèmes singuliers, graves et dignes d'être posés ! C'est toute une histoire — et, malgré sa longueur il semble qu'elle vient seulement de commencer. Quoi d'étonnant, si nous finissons par devenir méfiants, si nous perdons patience, si nous nous retournons impatients? Si ce Sphinx nous a appris à poser des questions, à nous aussi ? *Qui* est-ce au juste qui vient ici nous questionner ? Quelle partie de nous-mêmes tend « à la vérité » ? — De fait, nous nous sommes longtemps arrêtés devant cette question : la raison de cette volonté, — jusqu'à ce que nous ayons fini par demeurer en suspens devant une question plus fondamentale encore. Nous nous sommes alors demandé quelle était la *valeur* de cette volonté. En admettant que nous désirions la vérité : pourquoi ne *préférerions-nous pas* la non-vérité ? Et l'incertitude ? Et même l'ignorance ? — Le problème de la valeur du vrai s'est présenté à nous, — ou bien est-ce nous qui nous sommes présentés à ce problème? Qui de nous ici est Œdipe? Qui le Sphinx? C'est, comme il semble, un véritable rendez-vous de problèmes et de questions. — Et, le croirait-on? il me semble, en fin de compte, que le problème n'a jamais été posé jusqu'ici, que nous avons été les premiers à l'apercevoir, à l'envisager, à avoir le *courage* de le traiter. Car il y a des risques à courir, et peut-être n'en est-il pas de plus grands.

2.

« Comment une chose pourrait-elle naître de son contraire? Par exemple, la vérité de l'erreur? Ou bien la volonté du vrai de la volonté de l'erreur? L'acte désintéressé de l'acte égoïste? Comment la contemplation pure et rayonnante du sage naîtrait-elle de la convoitise? De telles origines sont impossibles; ce serait folie d'y rêver, pis encore! Les choses de la plus haute valeur doivent avoir une autre origine, une origine qui leur est particulière, — elles ne sauraient être issues de ce monde passager, trompeur, illusoire, de ce labyrinthe d'erreurs et de désirs! C'est, tout au contraire, dans le sein de l'être, dans l'immuable, dans la divinité occulte, dans la « chose en soi », que doit se trouver leur raison d'être, et nulle part ailleurs! » — Cette façon d'apprécier constitue le préjugé typique auquel on reconnaît bien les

étaphysiciens de tous les temps. Ces évaluations se
rouvent à l'arrière-plan de toutes leurs méthodes
ogiques; se basant sur cette « croyance », qui est la
eur, ils font effort vers leur « savoir », vers quel-
ue chose qui, à la fin, est solennellement proclamé
 la vérité ». La croyance fondamentale des méta-
hysiciens c'est *l'idée de l'opposition des valeurs.*
es plus avisés parmi eux n'ont jamais songé à
lever des doutes dès l'origine, là où cela eût été le
lus nécessaire : quand même ils en auraient fait vœu
de omnibus dubitandum ». On peut se demander
n effet, premièrement, si, d'une façon générale,
 existe des contrastes, et, en deuxième lieu, si les
aluations et les oppositions que le peuple s'est
ées pour apprécier les valeurs, sur lesquelles
 suite les métaphysiciens ont mis leur empreinte,
e sont pas peut-être des évaluations de premier
an, des perspectives provisoires, projetées, dirait-
, du fond d'un recoin, peut-être de bas en haut, —
es « perspectives de grenouille », en quelque sorte,
ur employer une expression familière aux peines ? Quelle que soit la valeur que l'on attribue à
 qui est vrai, véridique, désintéressé : il se pour-
it bien qu'il faille reconnaître à l'apparence, à
 volonté d'illusion, à l'égoïsme et au désir une
leur plus grande et plus fondamentale par rap-
rt à la vie. De plus, il serait encore possible
e ce qui constitue la valeur de ces choses bonnes
 révérées consistât précisément en ceci qu'elles

sont parentes, liées et enchevêtrées d'insidieuse façon et peut-être même identiques à ces choses mauvaises, d'apparence contradictoires. Peut-être ! — Mais qui donc s'occuperait d'aussi dangereux peut-être ! Il faut attendre, pour cela, la venue d'une nouvelle espèce de philosophes, de ceux qui sont animés d'un goût différent, quel qu'il soit, d'un goût et d'un penchant qui différeraient totalement de ceux qui ont eu cours jusqu'ici, — philosophes d'un dangereux peut-être, à tous égards. — Et, pour parler sérieusement : je les vois déjà venir, ces nouveaux philosophes.

3.

Après avoir passé assez de temps à scruter les philosophes, à les lire entre les lignes, je finis par me dire que la plus grande partie de la pensée consciente doit être, elle aussi, mise au nombre des activités instinctives, je n'excepte même pas la méditation philosophique. Il faut ici apprendre à juger autrement, comme on a déjà fait au sujet de l'hérédité et des « caractères acquis ». De même que l'acte de la naissance n'entre pas en ligne de compte dans l'ensemble du processus de l'hérédité : de même le fait de la « conscience » n'est pas en opposition, d'une façon décisive, avec les phénomènes instinctifs, — la plus grande partie de la pensée consciente chez un philosophe est secrètement menée par ses instincts et forcée à suivre une oie tracée. Derrière la logique elle-même et derrière l'autonomie apparente de ses mouvements, l y a des évaluations de valeurs, ou, pour m'exprimer plus clairement, des exigences physiques qui oivent servir au maintien d'un genre de vie déterminé. Affirmer, par exemple, que le déterminé a lus de valeur que l'indéterminé, l'apparence oins de valeur que la « vérité » : de pareilles évaations, malgré leur importance régulative pour ous, ne sauraient être que des évaluations de preier plan, une façon de *niaiserie*, utile peut-être our la conservation d'êtres tels que nous. En dmettant, bien entendu, que ce n'est pas l'homme ui est la « mesure des choses »...

4.

La fausseté d'un jugement n'est pas pour nous ne objection contre ce jugement. C'est là ce que otre nouveau langage a peut-être de plus étrange. s'agit de savoir dans quelle mesure ce jugement célère et conserve la vie, maintient et même déveppe l'espèce. Et, par principe, nous inclinons à étendre que les jugements les plus faux (dont s jugements synthétiques *a priori* font partie) nt, pour nous, les plus indispensables, que omme ne saurait exister sans le cours forcé des leurs logiques, sans mesurer la réalité à l'étiage monde purement fictif de l'inconditionné, de dentique à soi, sans une falsification constante du monde par le nombre, — à prétendre que renoncer à des jugements faux ce serait renoncer à la vie, nier la vie. Avouer que le mensonge est une condition vitale, c'est là, certes, s'opposer de dangereuse façon aux évaluations habituelles; et il suffirait à une philosophie de l'oser pour se placer ainsi par de là le bien et le mal.

5.

Ce qui incite à considérer tous les philosophes moitié avec défiance, moitié avec ironie, ce n'est pas que l'on s'aperçoit sans cesse combien ils sont innocents, combien ils se trompent et se méprennent facilement et souvent — bref, ce n'est pas leur enfantillage et leur puérilité qui nous choquent, mais leur manque de droiture. Eux, tout au contraire, mènent grand bruit de leur vertu, dès que l'on effleure, ne fût-ce que de loin, le problème de la vérité. Ils font tous semblant d'être parvenus à leurs opinions par le développement naturel d'une dialectique froide, pure et divinement insouciante (différents en cela des mystiques de toute espèce qui, plus qu'eux, honnêtes et lourds, parlent d' « inspiration » —), tandis qu'ils défendent au fond une thèse anticipée, une idée subite, une « inspiration », et, le plus souvent, un désir intime qu'ils présentent d'une façon abstraite, qu'ils passent au crible en l'étayant de motifs laborieusement cherchés. Ils sont tous des avocats qui ne veulent pas passer pour

els. Le plus souvent ils sont même les défenseurs
stucieux de leurs préjugés qu'ils baptisent du nom
e « vérités », — très éloignés de l'intrépidité de
onscience qui s'avoue ce phénomène, très éloignés
u bon goût de la bravoure qui veut aussi le faire
omprendre aux autres, soit pour mettre en garde
n ennemi, ou un ami, soit encore par audace et
our se moquer de cette bravoure. La tartuferie
ussi rigide que modeste du vieux Kant, par où il
ous attire dans les voies détournées de la dialecti-
ue, ces voies qui nous mènent ou plutôt nous indui-
ent à son « impératif catégorique » —ce spectacle
ous fait sourire, nous autres enfants gâtés, qui ne
renons pas un petit plaisir à surveiller les subtiles
erfidies des vieux moralistes et des prédicateurs
e la morale. Ou encore ces jongleries mathéma-
iques, dont Spinosa a masqué sa philosophie —
'est-à-dire « l'amour de sa propre sagesse », pour
nterpréter ainsi comme il convient le mot « philo-
ophie »; — dont il a armé sa philosophie comme
'une cuirasse, pour intimider ainsi, dès le début,
'audace des assaillants qui oseraient jeter un
egard sur cette vierge invincible, véritable Pallas
thénée! Combien cette mascarade laisse deviner
a timidité et le côté vulnérable d'un malade soli-
aire!

6.

Je me suis rendu compte peu à peu de ce que fut jusqu'à présent toute grande philosophie : la confession de son auteur, une sorte de *mémoires* involontaires et insensibles; et je me suis aperçu aussi que les intentions morales ou immorales formaient, dans toute philosophie, le véritable germe vital d'où chaque fois la plante entière est éclose. On ferait bien en effet (et ce serait même raisonnable) de se demander, pour l'élucidation de ce problème : comment se sont formées les affirmations métaphysiques les plus lointaines d'un philosophe? — on ferait bien, dis-je, de se demander à quelle morale veut-on en venir? Par conséquent, je ne crois pas que l' « instinct de la connaissance » soit le pire de la philosophie, mais plutôt qu'un autre instinct s'est servi seulement, là comme ailleurs, de la connaissance (et de la méconnaissance) ainsi que d'un instrument. Mais quiconque examinera les instincts fondamentaux de l'homme, en vue de savoir jusqu'à quel point ils ont joué, ici surtout, leur jeu de *génies* inspirateurs (démons et lutins peut-être —), reconnaîtra que ces instincts ont tous déjà fait de la philosophie — et que le plus grand désir de chacun serait de se représenter comme fin dernière de l'existence, ayant qualité pour *dominer* les autres instincts. Car tout instinct est avide de domination : et comme tel il aspire à philosopher. —

certes, chez les savants, les véritables hommes
scientifiques, il se peut qu'il en soit autrement —
que ceux-ci soient, si l'on veut, en « meilleure »
posture. Peut-être y a-t-il là véritablement quelque chose comme l'instinct de connaissance, un
petit rouage indépendant qui, bien remonté, se met
à travailler bravement, sans que tous les autres
instincts du savant y soient essentiellement intéressés. C'est pourquoi les véritables « intérêts » du
savant se trouvent généralement tout à fait ailleurs,
par exemple dans la famille, dans l'âpreté au gain,
ou dans la politique; il est même presque indifférent que sa petite machine soit placée à tel ou tel
point de la science, et que le jeune travailleur
d'« avenir » devienne bon philologue, ou peut-être
connaisseur de champignons, ou encore chimiste :
peu importe, pour le *distinguer*, qu'il devienne
ceci ou cela. Au contraire, chez le philosophe, il
n'y a rien d'impersonnel; et particulièrement sa
morale témoigne, d'une façon décisive et absolue,
de *ce qu'il est*, — c'est-à-dire dans quel rapport se
trouvent les instincts les plus intimes de sa nature.

7.

Comme les philosophes peuvent être méchants!
Je ne connais rien de plus perfide que la plaisanterie qu'Épicure s'est permise à l'égard de Platon et
des Platoniciens; il les a appelés *Dionysiokolakes*.
Cela veut dire d'abord et selon l'étymologie « flat-

teurs de Dionysios », acolytes de tyran, vils courtisans ; mais cela signifie encore « un tas de *comédiens, sans ombre de sérieux* » (car *Dionysiokolax* était une désignation populaire du comédien). Et c'est surtout dans cette dernière interprétation que se trouve le trait de méchanceté qu'Epicure décocha à Platon : il était indigné de l'allure grandiose, de l'habileté à se mettre en scène, à quoi s'entendaient Platon et ses disciples, — à quoi ne s'entendait pas Epicure, lui, le vieil instituteur de Samos qui écrivit trois cents ouvrages, caché dans son petit jardin de Samos. Et, qui sait? peut-être ne les écrivit-il que par dépit, par orgueil, pour faire pièce à Platon? — Il fallut cent ans à la Grèce pour se rendre compte de ce qu'était Epicure, ce dieu des jardins. — Si tant est qu'elle s'en rendit compte...

8.

Dans toute philosophie, il y a un point où la « conviction » du philosophe entre en scène : ou, pour emprunter le langage d'un antique mystère :

> *adventavit asinus*
> *pulcher et fortissimus.*

9.

C'est « conformément à la nature » que vous voulez vivre ! O nobles stoïciens, quelle duperie est la vôtre ! Imaginez une organisation telle que la nature, prodigue sans mesure, indifférente sans

esure, sans intentions et sans égards, sans pitié
sans justice, à la fois féconde, et aride, et incer-
ine, imaginez l'indifférence elle-même érigée en
uissance, — comment pourriez-vous vivre con-
rmément à cette indifférence? Vivre, n'est-ce pas
récisément l'aspiration à être différent de la na-
re? La vie ne consiste-t-elle pas précisément à
uloir évaluer, préférer, à être injuste, limité,
trement conformé? Or, en admettant que votre
pératif « vivre conformément à la nature » signi-
ât au fond la même chose que « vivre conformé-
ent à la vie » — ne pourriez-vous pas vivre ainsi?
ourquoi faire un principe de ce que vous êtes vous-
êmes, de ce que vous devez être vous-mêmes? —
e fait, il en est tout autrement : en prétendant
e, avec ravissement, le canon de votre loi dans
nature, vous aspirez à toute autre chose, éton-
nts comédiens qui vous dupez vous-mêmes !
otre fierté veut s'imposer à la nature, y faire
nétrer votre morale, votre idéal; vous demandez
e cette nature soit une nature « conforme au
ortique » et vous voudriez que toute existence
existât qu'à votre image — telle une monstrueuse
éternelle glorification du stoïcisme universel !
algré tout votre amour de la vérité, vous vous
ntraignez, avec une persévérance qui va jusqu'à
us hypnotiser, à voir la nature à un point de vue
ux, c'est-à-dire stoïque, tellement que vous ne
uvez plus la voir autrement. Et, en fin de compte,

quelque orgueil sans limite vous fait encore caresser l'espoir dément de pouvoir tyranniser la nature, parce que vous êtes capables de vous tyranniser vous-mêmes — car le stoïcisme est une tyrannie infligée à soi-même, — comme si le stoïcien n'était pas lui-même un *morceau* de la nature?... Mais tout cela est une histoire vieille et éternelle : ce qui arriva jadis avec les stoïciens se produit aujourd'hui encore dès qu'un philosophe commence à croire en lui-même. Il crée toujours le monde à son image, il ne peut pas faire autrement, car la philosophie est cet instinct tyrannique, cette volonté de puissance la plus intellectuelle de toute, la volonté de « créer le monde », la volonté de la cause première.

10.

Le zèle et la subtilité, je dirais presque la ruse que l'on met aujourd'hui partout en Europe à serrer de près le problème du « monde réel » et du « monde des apparences » prête à réfléchir et à écouter ; et celui qui, à l'arrière-plan, n'entend pas parler autre chose que la « volonté du vrai » n'est certes pas doué de l'oreille la plus fine. Dans certains cas fort rares, il se peut qu'une telle « volonté du vrai » soit véritablement en jeu, ce sera quelque intrépidité extravagante et aventureuse, l'orgueil de métaphysicien d'une sentinelle perdue qui préfère une poignée de « certitudes » à toute notre barretée de belles possibilités. Il se peut même qu'il y ait des puritains fanatiques de la conscience qui préfèrent mourir sur la foi d'un néant assuré que sur la probabilité de quelque chose d'incertain. Or, c'est là du nihilisme et l'indice d'une âme désespérée et fatiguée jusqu'à la mort : quelle que soit l'apparence de bravoure que veut se donner une pareille attitude. Il semble cependant qu'il en est autrement chez les penseurs plus vigoureux, qui sont encore animés d'une vitalité plus abondante et plus avide de vivre. Tandis que ceux-ci prennent parti contre l'apparence et prononcent déjà avec orgueil le mot de « perspective », tandis qu'ils estiment aussi peu le témoignage de leur propre corps que celui de l'apparence qui affirme que la terre est immobile, renonçant ainsi, avec une visible insouciance, à l'acquisition la plus certaine (car qu'affirme-t-on aujourd'hui avec plus de certitude, si ce n'est son corps ?) — qui sait, si, au fond, ils ne veulent pas conquérir quelque chose que l'on possédait jadis *plus sûrement* encore, quelque chose qui fît partie du vieil apanage de la foi, peut-être l'âme immortelle », peut-être le « Dieu ancien », bref, des idées qui fourniraient une base de la vie plus solide, c'est-à-dire meilleure et plus joyeuse que la base des « idées modernes » ? Il y a là de la *méfiance* à l'égard de ces idées modernes, il y a de l'incrédulité au sujet de tout ce qui a été édifié hier et aujourd'hui; il s'y mêle peut-être un certain dégoût et une légère ironie à l'égard de cet insupportable *bric-à-brac* d'idées de l'origine la plus diverse, tel que nous apparaît aujourd'hui ce que l'on appelle positivisme, une répugnance du goût plus affiné devant ce bariolage de foire et ces haillons, où paradent ces philosophâtres de la réalité chez qui rien n'est neuf et sérieux, sinon précisément ce bariolage. J'ai idée que c'est en cela qu'il faudrait donner raison à ces sceptiques anti-réalistes, à ces minutieux chercheurs de la connaissance : leur instinct qui les chasse hors de la réalité moderne n'a pas été réfuté, — que nous importe leurs voies détournées qui ramènent en arrière ! Ce qu'il y a d'essentiel chez eux, ce n'est pas qu'ils veulent retourner « en arrière », c'est bien plutôt qu'ils veulent — s'en aller. Un peu plus de force, d'élan, de courage, de maîtrise, et ils voudraient *sortir* de tout cela — et non point aller en arrière ! —

11.

Il me semble que l'on s'efforce maintenant partout de détourner le regard de l'influence véritable que Kant a exercée sur la philosophie allemande et surtout de glisser prudemment sur la valeur qu'il s'est reconnue à lui-même. Kant s'enorgueillissait, avant tout, de sa table des catégories. Il disait, avec cette table en main : « Voilà ce qui pouvait être tenté de plus difficile en vue de la métaphysique. » — Qu'on entende bien ce « pouvait être » ! Il était r d'avoir découvert, dans l'homme, une nouvelle culté du jugement synthétique *a priori*. En mettant qu'il ait fait erreur sur ce point, le déveppement et la floraison rapide de la philosophie emande ne tiennent pas moins à cette fierté et au le que tous les savants plus jeunes mettent à couvrir, si possible, quelque chose qui les enorcillit davantage encore, — à découvrir, en tous cas, de « nouvelles facultés » ! — Mais réfléchisns, il en est grand temps ! Comment les jugements nthétiques *a priori* sont-ils possibles ? se demanda nt. Et que répondit-il en somme ? *Au moyen d'une ulté*. Mais il ne se contenta pas, malheureusement, ne réponse en trois mots. Il fut prolixe, solen, il fit étalage de profondeur et d'amphigouri maniques, au point que l'on oublia la joyeuse *iserie allemande* qu'il y a au fond d'une pareille onse. Mieux encore, on ne se sentit plus de joie ant cette découverte d'une faculté nouvelle, et thousiasme atteignit son comble lorsque Kant uta une nouvelle découverte, celle de la faculté rale de l'homme ; — car alors les Allemands étaient ore moraux et ne s'occupaient en aucune façon politique réaliste. — Et ce fut la lune de miel de hilosophie allemande : tous les jeunes théolons du Séminaire de Tubingue fouillèrent les ssons pour y découvrir encore des « facultés ». e ne découvrit-on point, durant cette période ore si juvénile de la philosophie allemande ; cette période innocente et riche, où chanta la fée maligne du romantisme, alors que l'on ne savait pas encore distinguer entre « découvrir » et « inventer » ! On découvrit avant tout une faculté pour les choses « transcendantes ». Schelling la baptisa du nom d'intuition intellectuelle et vint ainsi au-devant des désirs les plus intimes de ses Allemands remplis d'envies pieuses. On ne peut faire de plus grand tort à tout ce mouvement impétueux et enthousiaste qui était de la jeunesse, bien qu'il s'affublât audacieusement d'un manteau d'idées grises et séniles, qu'en le prenant au sérieux, qu'en le traitant même avec indignation morale. Bref, on devint plus vieux, — et le rêve s'envola. Il vint un temps où l'on se mit à se frotter le front. On se le frotte encore. On avait rêvé. Avant tout et en premier lieu le vieux Kant. « Au moyen d'une faculté », avait-il dit, voulut-il dire tout au moins. Mais, est-ce bien là une réponse? Une explication? Ou plutôt, n'est-ce pas la répétition de la question? Comment l'opium fait-il dormir? « Au moyen d'une faculté », la *virtus dormitiva*, — répondit ce médecin de Molière,

> *Quia est in eo virtus dormitiva,*
> *cujus est natura sensus assoupire.*

Mais de pareilles réponses conviennent à la comédie, et il est enfin temps de remplacer la question de Kant : « Comment les jugements synthétiques *a priori* sont-ils possibles ? » par une autre question : « Pourquoi la croyance en de pareils jugements est-elle *nécessaire?* » C'est-à-dire qu'il est enfin temps de comprendre que, pour la conservation des êtres de notre espèce, ces jugements doivent être tenus pour *vrais,* ce qui ne les empêcherait d'ailleurs pas d'être des jugements *faux.* Ou, pour parler plus clairement, pour dire les choses grossièrement et radicalement : les jugements synthétiques *a priori* ne devraient pas du tout être « possibles ». Nous n'avons aucun droit sur eux, dans notre bouche ce ne sont que des jugements faux. Cependant, il était nécessaire qu'ils fussent tenus pour vrais, telle une croyance de premier plan, comme un aspect qui fait partie de l'optique même de la vie. — Et, pour tenir compte enfin de l'énorme influence exercée dans toute l'Europe par la « philosophie allemande » — j'espère que l'on comprendra son droit aux guillemets, — on ne saurait douter qu'une certaine *virtus dormitiva* y ait participé : on était ravi, parmi les nobles désœuvrés de toutes les nations, moralistes, mystiques, artistes, chrétiens aux trois quarts et obscurantistes politiques, ravi de posséder, grâce à la philosophie allemande, un contrepoison pour combattre le sensualisme tout-puissant qui, du siècle dernier, avait débordé dans celui-ci, bref — « *sensus assoupire* »...

12.

Pour ce qui en est de l'atomisme matérialiste, celui-ci appartient aux choses les mieux réfutées qui soient. Peut-être, parmi les savants, personne aujourd'hui, n'est-il assez ignorant pour lui accorder une importance quelconque, si ce n'est pour la commodité personnelle et l'usage courant (je veux dire pour abréger la terminologie) — grâce surtout à ce Polonais, Boscovich, qui fut, jusqu'à présent, avec un autre Polonais, Copernic, le plus grand et le plus victorieux adversaire de l'apparence. Tandis que Copernic nous a persuadés de croire, contrairement à l'affirmation de nos sens, que la terre n'est pas immobile, Boscovich enseigna à abjurer la croyance en la dernière chose qui passât pour « établie » sur la terre, la croyance en la « matière » et l'atome, dernière réduction de la terre. Ce fut le grand triomphe remporté jusque-là sur les sens. — Mais il faut aller plus loin, et déclarer aussi la guerre au « besoin atomique » qui survit encore de la façon la plus dangereuse, sur des domaines où personne ne le soupçonne, au même titre que ce fameux besoin métaphysique, et ce sera une guerre au couteau et sans merci. Il faudrait aussi, avant toute autre chose, donner le coup de grâce à cet autre atomisme, plus néfaste encore, l'*atomisme des âmes* que le christianisme a le mieux et le plus longtemps enseigné. Qu'il me

oit permis de désigner par ce mot la croyance qui
onsidère l'âme comme quelque chose d'indestruc-
ible, d'éternel, d'indivisible, comme une monade,
omme un atome. C'est *cette* croyance qu'il faut
xpulser de la science ! Il n'est d'ailleurs nullement
écessaire, soit dit entre nous, de se débarrasser
e l'« âme » elle-même et de renoncer à l'une des
ypothèses les plus anciennes et les plus vénéra-
les, comme il arrive de le faire à la maladresse
es naturalistes qui, dès qu'ils touchent à l'« âme »,
a perdent aussitôt. Mais la vie reste ouverte à de
ouvelles conceptions plus subtiles de l'âme, consi-
érée comme une hypothèse, et des idées comme
elle de l'« âme mortelle », de l'« âme, pluralité
e sujets », de l'« âme, coordinatrice des instincts
t des passions », veulent dorénavant avoir droit de
ité dans la science. Cependant, le psychologue
ouveau, en mettant fin à la superstition qui pul-
lait jusqu'à présent autour de la notion de l'âme,
vec une abondance presque tropicale, s'est, en
uelque sorte, rejeté lui-même dans un nouveau
ésert et une nouvelle méfiance. Il se peut que les
sychologues anciens s'en soient tirés plus agréable-
ent. Mais, en fin de compte, le nouveau psycho-
ogue se voit condamné par là à *inventer* — et, qui
ait, peut-être aussi à *découvrir*. —

13.

Les physiologistes devraient hésiter à considérer l'instinct de conservation comme instinct fondamental de tout être organisé. Avant tout, c'est quelque chose de vivant qui veut *épancher* sa force. La vie elle-même est volonté de puissance. La conservation de soi n'en est qu'une des conséquences indirectes les plus fréquentes. — Bref, ici comme ailleurs, gardez-vous des principes téléologiques superflus, tels que l'instinct de conservation (— l'effort de persévérer dans l'être que l'on doit à l'inconséquence de Spinosa —). Car c'est ainsi que l'exige la méthode qui doit être avant tout économe dans ses principes.

14.

Il y a peut-être cinq ou six cerveaux qui commencent à se douter que la physique elle aussi est seulement un instrument pour interpréter et accommoder le monde (c'est notre avis, soit dit avec votre permission), et non point une explication de l'univers : mais, dans la mesure où la physique s'appuie sur la croyance aux sens, elle vaut davantage et passera longtemps encore pour valoir davantage et pour servir d'explication. Elle a pour elle les yeux et les doigts, c'est-à-dire la vue et le toucher. Sur une époque aux goûts foncièrement plébéiens, ceci est d'un effet magique; rien de tel pour convaincre et persuader ! Car c'est obéir instinctivement au canon de vérité du sensualisme éternellement populaire. Qu'est-ce qui est clair ? qu'est-ce qui « explique » ? — Ce que l'on peut voir et toucher. Tout problème doit être mené jusque-là. Or, le charme de la pensée platonicienne s'alimentait, au contraire, dans la répugnance contre tout ce qui tombait sous le sens, et c'était là une façon de penser *noble*, peut-être parmi des hommes qui jouissaient de sens plus vigoureux et plus exigeants que ceux de nos contemporains, mais qui savaient goûter un triomphe supérieur lorsqu'ils demeuraient maîtres de leurs sens. Ils y réussissaient au moyen d'un réseau d'idées pâles et froides qu'ils jetaient sur le tourbillon bariolé des sens — la tourbe des sens, comme disait Platon. Il y avait dans cet assujettissement du monde, dans cette interprétation à la manière de Platon une jouissance bien différente de celle que nous offrent les physiciens d'aujourd'hui, ainsi que les darwinistes et les antifinalistes parmi nos ouvriers physiologistes, avec leur principe de la « force minima » et de la « bêtise maxima ». « Partout où l'homme n'a rien à voir ni à toucher, il n'a rien à chercher. » C'est là, certes, un autre impératif que l'impératif platonicien, mais qui pourra bien être l'impératif véritable pour une race rude et laborieuse de constructeurs de machines et de ponts qui, dans l'avenir, n'auront à faire que du travail *grossier*.

15.

Pour s'occuper de physiologie avec une bonne conscience, il faut tenir à ce que les organes des sens ne soient pas considérés comme des phénomènes au sens de la philosophie idéaliste. Autrement, ils ne pourraient être des causes. Le sensualisme serait du moins considéré comme hypothèse régulatrice, pour ne pas dire comme principe heuristique. Comment? Et d'autres prétendent même que le monde extérieur est l'œuvre de nos organes? Mais alors notre corps, qui fait partie du monde extérieur, serait l'œuvre de nos organes? Par conséquent, nos organes seraient eux-mêmes l'œuvre de nos organes! C'est là, à ce qu'il me semble, une profonde réduction à l'absurde, en admettant que la conception *causa sui* soit quelque chose de foncièrement absurde. Il résulterait de cela que le monde extérieur n'est pas l'œuvre de nos organes —?

16.

Il y a encore des observateurs assez naïfs pour croire qu'il existe des « certitudes immédiates », par exemple « je pense », ou, comme ce fut la superstition de Schopenhauer, « je veux ». Comme si la connaissance parvenait à saisir son objet purement et simplement, sous forme de « chose en soi », comme s'il n'y avait altération ni du côté du sujet, ni du côté de l'objet. Mais je répéterai cent fois que

« certitude immédiate », de même que la « connaissance absolue », la « chose en soi » renferment ne *contradictio in adjecto* : il faudrait enfin échaper à la magie fallacieuse des mots. C'est affaire du [peu]ple de croire que la *connaissance* est le fait de [con]naître une chose jusqu'au bout. Le philosophe [c]ependant doit se dire : « Si je décompose le pro[c]essus logique exprimé dans la phrase « je pense », [j]'obtiens une série d'affirmations hasardeuses dont [l]e fondement est difficile, peut-être impossible à [é]tablir, — par exemple, que c'est *moi* qui pense, [q]u'il doit y avoir, en général, quelque chose qui [p]ense, que « penser » est l'activité et l'effet d'un [ê]tre, considéré comme cause, qu'il existe un « moi », [e]nfin qu'il a déjà été établi ce qu'il faut entendre [p]ar penser — c'est-à-dire que *je sais* ce que pen[s]er veut dire. Car si, à part moi, je n'étais pas [d]éjà fixé à ce sujet, sur quoi devrais-je me régler [p]our savoir si ce qui arrive n'équivaudrait pas à [«]vouloir » ou à « sentir »? Bref, ce « je pense » [la]isse prévoir que je *compare* mon état momentané [à] d'autres états que je connais en moi, pour établir [d]e la sorte ce qu'il est. A cause de ce retour à un [«]savoir » d'origine différente, mon état ne me pro[cu]re certainement pas une « certitude immédiate ».

En lieu et place de cette « certitude immédiate », [à]quoi le peuple croira peut-être dans le cas donné, [le]philosophe s'empare ainsi d'une série de ques[ti]ons de métaphysique, véritables problèmes de conscience, tels que ceux-ci : « D'où est-ce que je tire le concept penser? Pourquoi est-ce que je crois à la cause et à l'effet? Qu'est-ce qui me donne le droit de parler d'un *moi*, et encore d'un *moi* comme cause, et enfin d'un *moi* comme cause intellectuelle? » Celui qui, appuyé sur une sorte d'*intuition* de la connaissance, s'aventure à répondre immédiatement à cette question de métaphysique, comme fait celui qui dit : « je pense et sais que cela du moins est vrai, réel, certain » — celui-là provoquera aujourd'hui chez le philosophe un sourire et deux questions : « Monsieur, lui dira peut-être le philosophe, il paraît invraisemblable que vous puissiez ne pas vous tromper, mais pourquoi voulez-vous la vérité à tout prix? » —

17.

Pour ce qui en est de la superstition des logiciens, je veux souligner encore, sans me laisser décourager, un petit fait que ces esprits superstitieux n'avouent qu'à contre-cœur. C'est, à savoir, qu'une pensée ne vient que quand *elle* veut, et non pas lorsque c'est *moi* qui veux; de sorte que c'est une *altération* des faits de prétendre que le sujet *moi* est la condition de l'attribut « je pense ». Quelque chose pense, mais croire que ce quelque chose est l'antique et fameux *moi*, c'est une pure supposition, une affirmation peut-être, mais ce n'est certainement pas une « certitude immédiate ». En fin

e compte, c'est déjà trop s'avancer que de dire
quelque chose pense », car voilà déjà l'*interpré-
tion* d'un phénomène au lieu du phénomène lui-
ême. On conclut ici, selon les habitudes gram-
aticales : « Penser est une activité, il faut quel-
u'un qui agisse, par conséquent... » Le vieil ato-
isme s'appuyait à peu près sur le même dispositif,
our joindre, à la force qui agit, cette parcelle de
atière où réside la force, où celle-ci a son point
e départ : l'atome. Les esprits plus rigoureux
nirent par se tirer d'affaire sans ce « reste terres-
c », et peut-être s'habituera-t-on un jour, même
armi les logiciens, à se passer complètement de ce
etit « quelque chose » (à quoi s'est réduit finale-
ent le vénérable *moi*).

18.

Ce n'est, certes, pas le moindre charme d'une
éorie que d'être réfutable. Par là, elle attire pré-
sément les cerveaux plus sensibles. Je crois que
théorie cent fois réfutée du « libre arbitre » ne
oit plus sa durée qu'à cet attrait. Il se trouve
ns cesse quelqu'un qui se sent assez fort pour
tte réfutation.

19.

Les philosophes ont continué de parler de la
olonté comme si c'était la chose la plus connue
u monde. Schopenhauer nous donna même à

entendre que la volonté est la seule chose qui nous soit connue, parfaitement connue, sans déduction ni adjonction. Mais il me semble toujours que Schopenhauer n'a fait dans ce cas que ce que les philosophes ont coutume de faire : il s'est emparé d'un *préjugé populaire* qu'il s'est contenté d'exagérer. « Vouloir » me semble être, avant tout, quelque chose de *compliqué*, quelque chose qui ne possède d'unité qu'en tant que mot, — et c'est précisément dans un mot unique que réside le préjugé populaire qui s'est rendu maître de la circonspection toujours très faible des philosophes. Soyons donc circonspects, soyons « non-philosophes », disons que dans tout vouloir il y a, avant tout, une multiplicité de sensations qu'il faut décomposer : la sensation du point de départ de la volonté, la sensation de l'aboutissant, la sensation du « va-et-vient » entre ces deux états; et ensuite une sensation musculaire concomitante qui, sans que nous mettions en mouvement « bras et jambes », entre en jeu dès que nous « voulons ». De même donc que des sensations de diverses sortes sont reconnaissables, comme ingrédients dans la volonté, de même il y entre, en deuxième lieu, un ingrédient nouveau, la réflexion. Dans chaque acte de la volonté il y a une pensée directrice. Et il faut bien se garder de croire que l'on peut séparer cette pensée du « vouloir comme s'il restait encore, après cela, de la volonté! La troisième lieu, la volonté n'est pas seulement un complexus de sensations et de pensées, mais encore un penchant, un penchant au commandement. Ce que l'on appelle « libre arbitre » est essentiellement la conscience de la supériorité vis-à-vis de celui qui doit obéir. « Je suis libre, *il* doit obéir » — ce sentiment est caché dans toute manifestation de la volonté, de même cette tension de l'esprit, ce regard direct qui fixe exclusivement un objet, l'évaluation absolue de la nécessité de faire telle chose « et non point telle autre », la certitude intime qu'il sera obéi au commandement, quels que soient les sentiments propres à celui qui commande. Un homme qui *veut* ordonne quelque chose à son être intime, lequel obéit, ou est du moins imaginé obéissant. Or, remarquez ce qu'il y a de plus singulier dans cette volonté — cette chose si compliquée que le peuple ne sait exprimer que par un seul mot. Je prends le cas donné, où nous sommes à la fois souverains et sujets, et j'admets qu'en tant que sujets obéissants nous connaissions les sentiments de la contrainte, de l'obligation, de la pression, de la résistance, du mouvement qui commencent à l'ordinaire immédiatement après l'acte de volonté ; le cas où, d'autre part, nous avons l'habitude de passer sur cette dualité, de nous faire illusion à son sujet, au moyen de la conception synthétique « moi » ; alors toute une chaîne de conséquences erronées, et, par conséquent, de fausses appréciations de la volonté s'est encore attachée au vouloir, — en sorte que l'être voulant croit, de bonne foi, que vouloir *suffit* à l'action. Parce que, dans la plupart des cas, la volonté ne s'est exercée que quand l'efficacité du commandement, c'est-à-dire l'obéissance, par conséquent l'action, pouvaient être attendues, l'apparence, seule existante, s'est traduite par une sensation, à savoir : qu'il y avait là *la nécessité d'un effet;* bref, le sujet voulant s'imagine, avec quelque certitude, que vouloir et agir ne font qu'un, il escompte la réussite, la réalisation du vouloir, au bénéfice de la volonté même et jouit d'un surcroît de sensations de puissance que toute réussite apporte avec elle. « Libre arbitre » — voilà l'expression pour ce sentiment complexe de plaisir chez le sujet voulant qui commande et, en même temps, s'identifie à l'exécutant, — qui jouit du triomphe remporté sur les obstacles, mais qui s'imagine, à part soi, que c'est sa volonté elle-même qui triomphe des obstacles. Le sujet voulant ajoute de la sorte, aux sensations de plaisir que lui procure le commandement, les sensations de plaisir des instruments qui exécutent et réalisent ces volontés secondaires, puissances « subanimiques » qui obéissent — car notre corps n'est qu'une collectivité d'âmes nombreuses. *L'effet, c'est moi.* Il se passe ici ce qui se passe dans toute communauté bien établie et dont les destinées sont heureuses : la classe dominante s'identifie aux succès de la communauté. Dans toute volonté il s'agit donc, en fin de compte, de commander et d'obéir, et cela sur les bases d'un

tat social composé d'« âmes » nombreuses. C'est
ourquoi un philosophe devrait s'arroger le droit
'envisager la volonté sous l'aspect de la morale :
 morale, bien entendu, considérée comme doc-
ine des rapports de puissance sous lesquels se
éveloppe le phénomène « vie ». —

20.

Les différentes conceptions philosophiques ne
ont rien de fortuit, rien d'autonome, elles gran-
issent, tout au contraire, dans un rapport de
arenté les unes avec les autres. Quelle que soit la
oudaineté apparente, et quelque peu arbitraire
u'elles mettent à jaillir de l'histoire de la pensée,
lles n'en appartiennent pas moins à un système,
u même titre que tous les membres de la faune
'une partie du monde. On s'en aperçoit, en fin de
mpte, à la façon dont les philosophes les plus
ifférents remplissent toujours un même cadre
ndamental de toutes les philosophies imagina-
les. Comme s'ils y étaient forcés par une invisible
ntrainte, ils parcourent toujours, à nouveau, le
ême cercle, malgré l'indépendance qu'ils croient
voir les uns à l'égard des autres, de par leur
olonté critique ou systématique. Quelque chose
u fond d'eux-mêmes les conduit, quelque chose les
ousse les uns derrière les autres, dans un ordre
éterminé, et c'est précisément ce systématisme
né, cette parenté des conceptions. Leur raison-

nement est, en effet, bien plutôt qu'une découverte, une reconnaissance, une ressouvenance, un retour et une rentrée dans une vieille économie de l'âme, d'où ces conceptions sont sorties jadis. Philosopher, c'est, en ce sens, une façon d'atavisme de l'ordre le plus élevé. Le singulier air de famille des philosophies indiennes, grecques et allemandes s'explique de la manière la plus simple. Quand il y a affinité de langue, on ne peut précisément pas éviter que, grâce à la philosophie commune de la grammaire, — j'entends grâce à la domination et la conduite inconsciente par les fonctions grammaticales identiques — tout ne se trouve préparé dès l'origine en vue d'un développement et d'une succession semblables des systèmes philosophiques, de même que la perspective d'autres interprétations de l'univers parût à jamais fermée. Il est probable que les philosophes du groupe des langues oural-altaïques (où la conception du sujet est moins développée que dans les autres groupes) considéreront l'univers tout autrement et leurs recherches ne suivront pas la même direction que celles des peuples indo-germains ou musulmans. La contrainte exercée par des fonctions grammaticales déterminées correspond, en dernière instance, à la contrainte des évaluations *physiologiques* et des conditions de races. — Tout cela pour réfuter l'esprit superficiel de Locke, en ce qui concerne l'origine des idées.

21.

La *causa sui* est la meilleure contradiction qui ait été imaginée jusqu'ici, une espèce de viol et de monstruosité logiques. Mais l'orgueil démesuré de l'homme l'a amené à s'embarrasser de cette absurdité, profondément et de la plus horrible façon. Le souci du « libre arbitre », dans ce sens métaphysique excessif, qui domine malheureusement encore les cerveaux des êtres instruits à demi, ce souci de supporter soi-même l'entière et ultime responsabilité de ses actes, et d'en décharger Dieu, l'univers, les ancêtres, le hasard, la société, ce souci, dis-je, n'est point autre chose que le désir d'être précisément cette *causa sui*, de se tirer soi-même par les cheveux avec une témérité qui dépasse celle du baron de Crac, pour sortir du marais du néant et entrer dans l'existence. A supposer que quelqu'un s'avisât de la naïveté grossière de ce fameux concept « libre arbitre » et qu'il retranchât ce concept de son cerveau, je le prierai de faire faire encore un pas de plus à sa clairvoyance et de retrancher également de son cerveau le contraire de ce concept monstrueux « libre arbitre » : je veux parler du « déterminisme » qui aboutit à l'abus de l'idée de cause et d'effet. Il ne faut pas réduire faussement « cause » et « effet » *à des substances*, comme font les naturalistes (et quiconque, pareil à eux, fait aujourd'hui du naturalisme dans les idées —), conformément à la commune balourdise mécanique qui laisse la cause pousser et heurter jusqu'à ce qu'elle « agisse ». Il convient de ne se servir de la « cause » et de l' « effet » que comme concepts purs, c'est-à-dire comme actions conventionnelles, commodes pour déterminer et pour s'entendre, et non pas pour expliquer quelque chose. Dans l'« *en soi* » il n'y a point de « lien causal » de « nécessité absolue », de « déterminisme psychologique »; là l'« effet » ne suit point la « cause », là ne règne point la « loi ». C'est nous seuls qui avons inventé les causes, la succession, la finalité, la relativité, la contrainte, le nombre, la loi, la liberté, la modalité, le but; et lorsque nous nous servons de ce système de signes pour introduire ceux-ci dans les choses, comme « en soi », pour les y mêler, nous ne procédons pas autrement que comme nous l'avons déjà fait, c'est-à-dire *mythologiquement*. Le « déterminisme » est de la mythologie. Dans la vie réelle il ne s'agit que de volonté *forte* et de volonté *faible*. — C'est presque toujours le symptôme qu'il lui manque quelque chose, lorsqu'un penseur, dans tout « enchaînement causal », dans toute « nécessité psychologique », éprouve une sorte de contrainte, un danger, une obligation, une pression, un manque de liberté; c'est une véritable trahison de sentir ainsi — et c'est la personne qui se trahit. D'ailleurs, si j'ai bien observé, le « déterminisme » est envisagé comme problème

e deux côtés tout à fait différents, mais toujours
'une façon profondément personnelle. Les uns
e veulent, à aucun prix, abandonner leur « res-
onsabilité », la croyance en eux-mêmes, le droit
 rsonnel à leur mérite (les races vaniteuses sont
e ceux-là —); les autres, au contraire, ne veulent
pondre de rien, n'être la cause de rien et deman-
ent, par suite d'un secret mépris d'eux-mêmes, à
ouvoir se décharger sur n'importe qui. Ces der-
ers, lorsqu'ils écrivent des livres, ont aujour-
hui l'habitude de prendre en main la cause des
iminels ; une façon de pitié socialiste est leur dé-
isement le plus convenable. Et, en effet, le fata-
me de la faiblesse de volonté s'enjolive singuliè-
ment lorsqu'il sait s'introduire comme « *religion
la souffrance humaine* » : c'est là une sorte de
bon goût » propre à cette faiblesse.

22.

Qu'on me pardonne mes habitudes de vieux phi-
ogue, si je ne puis renoncer au malin plaisir de
ttre le doigt sur les interprétations erronées.
is ce « mécanisme des lois dans la nature », dont
us autres physiciens vous parlez avec tant d'or-
eil, comme si..., ce mécanisme ne subsiste que
ce à votre art d'interpréter, grâce à votre mau-
se « philologie », — ce n'est pas un état de fait,
n'est pas un « texte », ce n'est, au contraire,

qu'un arrangement naïvement humanitaire, une entorse faites au sens, par quoi vous allez au-devant des instincts démocratiques de l'âme moderne! « Partout égalité devant la loi, — en cela la nature ne s'en tire pas à meilleur compte que nous. » Plaisante pensée de derrière la tête, où se cache encore une fois l'inimitié populacière qui en veut à tout ce qui est privilégié et souverain! Mais c'est aussi un second athéisme plus délié. « *Ni dieu, ni maître* » — vous aussi, vous voulez qu'il en soit ainsi, et c'est pourquoi vous vous écriez : « Vivent les lois de la nature! » — n'est-ce pas? Mais, je le répète, c'est là de l'interprétation, et non du texte. Il pourrait venir quelqu'un qui, avec des intentions contraires et un art d'interprétation différent, s'entendrait justement à lire, dans la même nature et en regard des mêmes phénomènes, la réalisation tyrannique et implacable des prétentions à la puissance, — il pourrait venir un interprète qui mettrait devant vos yeux le caractère général et absolu de toute « volonté de puissance », au point que chaque mot, même le mot « tyrannie », finit par paraître inutilisable, étant une métaphore adoucissante et trop faible, — trop humaine; un interprète qui affirmerait enfin de cet univers, et malgré tout, ce que vous affirmez vous-même, c'est-à-dire que son cours est « nécessaire » et « évaluable », non pas parce que des lois y dominent, mais parce que les lois y font absolument défaut et que chaque puissance, à chaque moment, tire sa dernière conséquence. Admettons que cela aussi ne soit qu'une interprétation — je connais assez votre zèle pour savoir que vous me ferez cette objection eh bien ! — tant mieux ! —

23.

Toute la psychologie s'est arrêtée jusqu'à présent à des préjugés et à des craintes morales : elle n'a pas osé s'aventurer dans les profondeurs. Oser considérer la psychologie comme morphologie et comme *doctrine de l'évolution dans la volonté de puissance*, ainsi que je la considère — personne n'y a encore songé, même de loin : autant, bien entendu, qu'il est permis de voir dans ce qui a été écrit jusqu'à présent un symptôme de ce qui a été passé sous silence. La puissance des préjugés moraux a pénétré profondément dans le monde le plus intellectuel, le plus froid en apparence, le plus dépourvu d'hypothèses — et, comme il va de soi, cette influence a eu les effets les plus nuisibles, car elle l'a entravé et dénaturé. Une psycho-physiologie réelle est forcée de lutter contre les résistances inconscientes dans le cœur du savant, elle a « le cœur » contre elle. La doctrine de la réciprocité des « bons » et des « mauvais » instincts suffit déjà, à cause du reproche d'immoralité plus subtile que l'on peut aluidresser, pour mettre en détresse une conscience forte et courageuse. C'est pire encore lorsqu'il s'agit de la possibilité de déduire tous les bons instincts des mauvais. En admettant cependant que quelqu'un aille jusqu'à considérer les penchants haine, envie, cupidité, esprit de domination comme des tendances essentielles à la vie, comme quelque chose qui, dans l'économie de la vie, doit exister profondément et essentiellement, et qui, par conséquent, doit être renforcé encore, si l'on veut renforcer la vie, — il souffrira d'une pareille direction de son jugement comme du mal de mer. Or, cette hypothèse n'est pas, à beaucoup près, la plus pénible et la plus étrange dans ce domaine immense et presque inexploré encore de la dangereuse connaissance. Et il y a, en effet, cent bonnes raisons pour que celui qui le peut en reste éloigné. Mais, d'autre part, s'il vous est arrivé d'y échouer avec votre barque, eh bien ! serrez les dents ! ouvrez les yeux ! la main ferme au gouvernail ! — nous naviguons en droite ligne, par-dessus la morale. Il nous faudra peut-être écraser et broyer ce qui nous reste de morale à nous-même, en nous aventurant dans ces parages, — mais qu'importe de nous ! Jamais encore un monde plus *profond* ne s'est révélé au regard des voyageurs intrépides et aventureux. Et le psychologue qui fait de tels « sacrifices » — ce n'est pas le *sacrifizio del intelletto*, au contraire ! — aura, tout au moins, le droit de demander que la psychologie soit de nouveau proclamée

eine des sciences, les autres sciences n'existant
u'à cause d'elle, pour la servir et la préparer.
Iais, dès lors, la psychologie est redevenue la voie
ui mène aux problèmes fondamentaux.

CHAPITRE DEUXIÈME

L'ESPRIT LIBRE

24.

O sancta simplicitas ! Quelle singulière simplication, quel faux point de vue l'homme met dans [l]a vie! On ne peut pas assez s'en étonner quand [u]ne fois on a ouvert les yeux sur cette merveille ! [C]omme nous avons tout rendu clair, et libre, et [lé]ger autour de nous ! Comme nous avons su donner [à] nos sens le libre accès de tout ce qui est superfi[ciel], à notre esprit un élan divin vers les espiè[g]leries et les paralogismes ! Comme, dès l'abord, [n]ous avons su conserver notre ignorance pour jouir [d]'une liberté à peine compréhensible, pour jouir du [m]anque de scrupule, de l'imprévoyance, de la bra[v]oure et de la sérénité de la vie, pour jouir de la [v]ie ! Et c'est seulement sur ces bases, dès lors soli[d]es et inébranlables de l'ignorance, que la science [a] pu s'édifier jusqu'à présent, la volonté de savoir [s]ur la base d'une volonté bien plus puissante [e]ncore, la volonté de l'ignorance, de l'incertitude, [d]u mensonge ! Le *langage*, ici comme ailleurs, ne [p]eut pas aller au delà de sa lourdeur, et conti[n]ue à parler de contrastes alors qu'il n'y a que [d]es degrés et des subtilités de nuances ; de plus, la [ta]rtuferie de la morale, cette tartuferie incarnée qui maintenant s'est à jamais mêlée à notre chair et notre sang, nous retourne les mots dans la bouche, même à nous autres savants. Quoi qu'il en soit, nous nous rendons compte de temps en temps, non sans en rire, que c'est précisément la meilleure des sciences qui prétend nous retenir le mieux dans ce monde *simplifié*, artificiel de part en part, dans ce monde habilement imaginé et falsifié, que *nolens volens* cette science aime l'erreur, parce qu'elle aussi, la vivante, aime la vie !

25.

Après un début aussi gai, je voudrais qu'une parole sérieuse fût écoutée : elle s'adresse aux hommes les plus sérieux. Soyez prudents, philosophes et amis de la connaissance, et gardez-vous du martyre ! Gardez-vous de la souffrance « à cause de la vérité » ! Gardez-vous de la défense personnelle ! Votre conscience y perd toute son innocence et toute sa neutralité subtile, vous vous entêtez devant les objections et les étoffes rouges. Vous aboutissez à la stupidité du taureau. Quel abêtissement, lorsque, dans la lutte avec les dangers, la diffamation, la suspicion, l'expulsion et les conséquences, plus grossières encore, de l'inimitié, il vous faudra finir par jouer le rôle ingrat de défenseurs de la vérité sur la terre. Comme si la « vérité » était une personne si candide et si maladroite qu'elle eût besoin de défenseurs ! Et que ce soit justement de vous, messieurs les chevaliers à la triste figure, vous qui vous tenez dans les recoins, embusqués dans les toiles d'araignées de l'esprit ! En fin de compte, vous savez fort bien qu'il doit être indifférent si c'est *vous* qui gardez raison et, de même que jusqu'à présent aucun philosophe n'a eu le dernier mot, vous n'ignorez pas que chaque petit point d'interrogation que vous ajouteriez derrière vos mots préférés et vos doctrines favorites (et à l'occasion derrière vous-mêmes) pourrait renfermer une véracité plus digne de louanges que toutes vos attitudes solennelles et tous les avantages que vous présentez à vos accusateurs et à vos juges ! Mettez-vous plutôt à l'écart ! Fuyez dans la solitude ! Ayez votre masque et votre finesse, pour que l'on ne vous reconnaisse pas ! ou pour que, du moins, on vous craigne un peu ! Et n'oubliez pas le jardin, le jardin aux grilles dorées ! Ayez autour de vous des hommes qui soient semblables à un jardin, ou qui soient comme de la musique sur l'eau lorsque vient le soir, alors que le jour n'est déjà plus qu'un souvenir. Choisissez la *bonne* solitude, la solitude libre, légère et impétueuse, celle qui vous donne le droit à vous-même de rester bons, dans quelque sens que ce soit ! Combien toute longue guerre qui ne peut pas être menée ouvertement rend perfide, rusé et mauvais ! Combien toute longue crainte rend *personnel*, et aussi toute longue attention accordée à l'ennemi, à l'ennemi possible ! Tous ces parias de la société, longtemps pourchassés et durement persécutés — tous ces ermites par nécessité, qu'ils s'appellent Spinosa ou Giordano Bruno — finissent tous par devenir, ne fût-ce que dans une mascarade intellectuelle, et peut-être à leur insu, des empoisonneurs raffinés et avides de vengeance. (Qu'on aille donc une fois au fond de l'éthique et de la théologie de Spinosa!) Pour ne point parler du tout de la sottise dans l'indignation morale qui est, chez un philosophe, le signe infaillible que l'humour philosophique l'a quitté. Le martyre du philosophe, son « sacrifice pour la vérité », fait venir au jour ce qu'il tient de l'agitateur, du comédien, caché au fond de lui-même. Et, en admettant que l'on ne l'ait considéré jusqu'à présent qu'avec une curiosité artistique, pour plus d'un philosophe, on comprendra, il est vrai, le désir dangereux de le voir une fois, de le contempler une fois sous un aspect dégénéré (je veux dire dégénéré jusqu'au « martyr », jusqu'au braillard de la scène et de la tribune). En face d'un pareil désir, il faut cependant bien se rendre compte du spectacle qui nous est offert : c'est une satire seulement, une farce présentée en épilogue, la démonstration continuelle que la longue tragédie véritable est *terminée* : en admettant que toute philosophie fût à son origine une longue tragédie. —

26.

Tout homme d'élite aspire instinctivement à sa tour d'ivoire, à sa réclusion mystérieuse, où il est délivré de la masse, du vulgaire, du grand nombre, où il peut oublier la règle « homme », étant lui-même une exception à cette règle. A moins du cas particulier où, obéissant à un instinct plus virulent encore, il va droit à cette règle, étant lui-même le Connaisseur, au sens grand et exceptionnel du mot. Celui qui, dans la société des hommes, n'a pas parcouru toutes les couleurs de la misère, passant tour à tour à l'aversion et au dégoût, à la compassion, à la tristesse et à l'isolement, celui-là n'est certainement pas un homme de goût supérieur. Mais, pour peu qu'il ne se charge pas volontairement de ce fardeau de déplaisir, qu'il essaie de lui échapper sans cesse et de rester caché, silencieux et fier, dans sa tour d'ivoire, une chose sera certaine : il n'est pas fait pour la connaissance, il n'y est pas prédestiné. Car si c'était le cas, il devrait se dire un jour : « Au diable mon bon goût ! La règle est plus intéressante que l'exception, plus intéressante que moi qui suis l'exception ! » Et, ce disant, il descendrait au milieu de la multitude. L'étude de l'homme *moyen*, l'étude prolongée et minutieuse avec le déguisement, la victoire sur soi-même, l'abnégation et les mauvaises fréquentations qui y sont nécessaires — toutes les fréquentations sont de mauvaises fréquentations, à moins que l'on s'en tienne à ses pairs — c'est là une partie nécessaire de la vie de tout philosophe, peut-être la partie la plus désagréable, la plus nauséabonde et la plus féconde en déceptions. Mais si le philosophe a de la chance, comme il convient à tout enfant chéri de la connaissance, il rencontrera des auxiliaires qui abrégeront et allégeront sa tâche, j'entends de ceux que l'on appelle les cyniques, de ceux qui reconnaissent simplement en eux la bête, la vulgarité, la « règle » et qui, de plus, possèdent encore assez d'esprit pour être poussés par une sorte d'aiguillon, à parler, *devant témoins*, d'eux-mêmes et de leurs semblables. Il leur arrive même de s'étaler dans des livres, comme dans leur propre fumier. Le cynisme est la seule forme sous laquelle les âmes basses frisent ce que l'on appelle la sincérité. Et l'homme supérieur doit ouvrir l'oreille devant toutes les nuances du cynisme, et s'estimer heureux chaque fois que viennent à ses oreilles les bouffonneries sans pudeur ou les écarts scientifiques du satyre. Il y a même des cas où l'enchantement se mêle au dégoût, par exemple quand, par un caprice de la nature, le génie se trouve départi à un de ces boucs, à un de ces singes indiscrets, comme ce fut le cas chez l'abbé Galiani, l'homme le plus profond, le plus pénétrant et peut-être aussi le plus malpropre de son siècle, — il était beaucoup plus profond que Voltaire et, par conséquent, beaucoup us silencieux. Cependant, il arrive plus souvent, mme je l'ai indiqué, que le cerveau d'un savant partienne à un corps de singe, qu'une intelligence btile et exceptionnelle soit départie à une âme lgaire. Le cas n'est pas rare chez les médecins et moralistes physiologistes. Partout où il y a quel-'un qui parle de l'homme, sans amertume mais ec une sorte de candeur, comme d'un ventre doué deux sortes de besoins et d'une tête n'en ayant 'un seul ; quelqu'un qui ne voit, ne cherche et *veut* voir que la faim, l'instinct sexuel et la vanité, mmesi c'étaient là les ressorts essentiels et uniques s actions humaines ; bref, partout où l'on parle al de l'homme — et cela sans vouloir être mé-ant — l'amateur de la connaissance doit écouter tentivement et avec soin ; ses oreilles doivent être rtout où l'on parle sans indignation, car l'homme digné, celui qui se lacère la chair de ses propres nts (ou, à défaut de lui-même, Dieu, l'univers, société), celui-là peut être placé plus haut, au int de vue moral, que le satyre riant et content lui-même ; sous tous les autres rapports il sera cas plus ordinaire, plus quelconque et moins ins-ctif. D'ailleurs, personne ne ment autant que omme indigné. —

27.

Il est difficile de se faire comprendre, surtout sque l'on pense et que l'on vit *gangasrotogati*, au milieu d'hommes qui pensent et vivent autrement, c'est-à-dire *kurmagati*, ou tout au plus *mandeikagati*, « d'après l'allure des grenouilles », — je fais tout ce que je peux pour être difficilement compris. Or, il faudrait être reconnaissant du fond du cœur rien qu'à cause de la bonne volonté que l'on met à interpréter avec quelque subtilité. Mais, pour ce qui en est des « bons amis » qui aiment toujours trop leurs aises et qui, précisément en tant qu'amis, croient avoir un droit à avoir leurs aises, on ferait bien de leur accorder dès le début tout un champ de course où ils pourraient étaler leur manque de compréhension. De cette façon, on aura du moins de quoi rire. On pourrait aussi les supprimer tout à fait, ces bons amis — et rire malgré cela.

28.

Ce qui se traduit le plus difficilement d'une langue dans l'autre, c'est l'*allure* du style, laquelle est basée sur le caractère de la race, pour m'exprimer plus physiologiquement sur l'allure moyenne de son processus d'« assimilation ». Il y a des traductions faites avec une entière bonne foi qui sont presque des faux, car elles vulgarisent involontairement l'original, seulement parce que l'allure vive et joyeuse de l'original était intraduisible, cette allure qui passe et aide à passer sur tout ce qu'il y a de dangereux dans le sujet et l'expression. L'Al-

lemand est presque incapable du *presto* dans sa
langue et aussi, on s'en doute bien, de certaines
nuances plaisantes et audacieuses propres à l'esprit
libre et indépendant. De même que le bouffon et le
satyre lui sont étrangers, en son âme et conscience,
de même Aristophane et Pétrone sont intraduisibles
pour lui. Toute la gravité, la lourdeur, la pompe
solennelle, toutes les variétés du style ennuyeux sont
développées chez les Allemands dans leurs variétés
infinies. Qu'on me pardonne d'affirmer que la prose
de Gœthe elle-même, avec son mélange de gravité
et de préciosité, ne fait pas exception, étant
l'image du « bon vieux temps », dont elle fait
partie, et l'expression du goût allemand à une
époque où il y avait encore un « goût allemand » :
lequel était un goût rococo, *in moribus et artibus*.
Lessing doit être excepté, grâce à sa nature de
comédien qui comprenait bien des choses et s'y
entendait, lui qui ne fut pas en vain le traducteur
de Bayle et aimait à se réfugier dans le voisinage
de Diderot et de Voltaire et, plus volontiers encore,
dans celui des auteurs comiques latins. Car Lessing
aimait aussi l'indépendance dans l'allure du style,
la fuite hors d'Allemagne. Mais comment la langue
allemande, fût-ce même dans la prose d'un Lessing,
pourrait-elle imiter l'allure d'un Machiavel qui
nous fait respirer dans son *Principe* l'air fin et sec
de Florence, et qui ne peut s'empêcher de présenter
les circonstances les plus graves avec un *allegris-*

simo indiscipliné, peut-être non sans un malicieux plaisir d'artiste, à la pensée de la contradiction où il se hasarde; car il y a là des pensées lointaines, lourdes, dures et dangereuses, présentées à une allure de galop, avec une bonne humeur pleine de pétulance. Qui, enfin, oserait s'atteler à une traduction allemande de Pétrone lequel, plus qu'aucun musicien jusqu'à présent, fut le maître du *presto*, par ses inventions, ses trouvailles, ses expressions! Qu'importent, du reste, tous les marécages du monde méchant et malade, même du « monde antique », lorsque, comme lui, on possède les ailes du vent, le souffle et l'haleine du vent, son dédain libérateur qui assainit tout, qui fait tout *courir*! Et, pour ce qui en est d'Aristophane, cet esprit qui transfigure et complète, en faveur duquel on *pardonne* au monde grec tout entier d'avoir existé — en supposant qu'on ait compris, jusqu'au fond, tout ce qui a besoin de pardon, de transfiguration, — je ne sais rien qui m'ait fait autant rêver au sujet de la mystérieuse nature de sphinx de Platon que ce *petit fait*, heureusement conservé : sous l'oreiller de son lit de mort, on n'a pas trouvé de «bible», rien qui fût égyptien, pythagoricien ou platonicien — mais un Aristophane! Comment Platon aurait-il supporté la vie — une vie grecque à laquelle il avait dit *non* — sans un Aristophane! —

29.

C'est affaire d'une toute petite minorité que d'être indépendant, et c'est le privilège des forts. Celui qui s'y essaye, même à bon droit, mais sans y être obligé, prouve par là qu'il est non seulement fort, mais encore audacieux jusqu'à la témérité. Il s'aventure dans un labyrinthe, il multiplie à l'infini les dangers que la vie apporte déjà par elle-même. Et le moindre de ces dangers n'est pas que personne ne voit de ses propres yeux comment il s'égare, où il s'égare, déchiré dans la solitude par quelque souterrain minotaure de la conscience. A supposer qu'un tel homme périsse, ce sera si loin de l'entendement des hommes que ceux-ci ne peuvent ni le sentir, ni le comprendre. Et il n'est pas dans son pouvoir de retourner en arrière! il ne peut pas non plus revenir à la compassion des hommes!

30.

Nos vues les plus hautes doivent forcément paraître des folies, parfois même des crimes, quand, de façon illicite, elles parviennent aux oreilles de ceux qui n'y sont ni destinés, ni prédestinés. L'exotérisme et l'ésotérisme, — suivant la distinction philosophique en usage chez les Hindous, les Grecs, les Persans et les Musulmans, bref partout où l'on croyait à une hiérarchie et non pas à l'égalité et à des droits égaux — ces deux termes ne se distinguent pas tant parce que l'Exotérique, placé à l'extérieur, voit les choses du dehors, sans les voir, les apprécier, les mesurer et les juger du dedans, mais par le fait qu'il les voit de bas en haut, — tandis que l'Esotérique les voit *de haut en bas*. Il y a des hauteurs de l'âme d'où la tragédie même cesse de paraître tragique; et, toute la misère du monde ramenée à une sorte d'unité, qui donc oserait décider si son aspect forcera *nécessairement* à la pitié et, par là, à un redoublement de la misère?... Ce qui sert de nourriture et de réconfort à une espèce d'hommes supérieure doit faire presque l'effet d'un poison sur une espèce très différente et de valeur inférieure. Les vertus de l'homme ordinaire, chez un philosophe, indiqueraient peut-être des vices et des faiblesses. Il serait possible qu'un homme d'espèce supérieure, en admettant qu'il dégénère et aille à sa perte, ne parvînt que par là à posséder les qualités qui obligeraient, dans le monde inférieur où il est descendu, à le vénérer dès lors comme un saint. Il y a des livres qui possèdent, pour l'âme et la santé, une valeur inverse, selon que l'âme inférieure, la force vitale inférieure ou l'âme supérieure et plus puissante s'en servent. Dans le premier cas, ce sont des livres dangereux, corrupteurs, dissolvants, dans le second cas, des appels de hérauts qui invitent les plus braves à revenir à leur propre bravoure. Les livres de tout le monde sont toujours des livres mal odorants:

l'odeur des petites gens y demeure attachée. Partout où le peuple mange et boit, même là où il vénère, cela sent mauvais. Il ne faut pas aller à l'église lorsque l'on veut respirer l'air pur. —

31.

Durant les jeunes années on vénère ou on méprise encore, sans cet art de la nuance qui fait le meilleur bénéfice de la vie, et plus tard, il va de soi que l'on paye très cher d'avoir ainsi jugé choses et gens par un oui et un non. Tout est disposé de façon à ce que le goût le plus mauvais, le goût de l'absolu, soit cruellement bafoué et profané jusqu'à ce que l'homme apprenne à mettre un peu d'art dans ses sentiments et que, dans ses tentatives, il donne la préférence à l'artificiel, comme font tous les véritables artistes de la vie. Le penchant à la colère et l'instinct de vénération, qui sont le propre de la jeunesse, semblent n'avoir de repos qu'ils n'aient faussé hommes et choses pour pouvoir s'y exercer. La jeunesse, par elle-même, est déjà quelque chose qui trompe et qui fausse. Plus tard, lorsque la jeune âme, meurtrie par mille désillusions, se trouve enfin pleine de soupçons contre elle-même, encore ardente et sauvage, même dans ses soupçons et ses remords, comme elle se mettra en colère contre elle-même, comme elle se déchirera avec impatience, comme elle se vengera de son long aveuglement, que l'on pourrait croire volontaire, tant elle s'acharne contre lui! Dans cette période de transition, on se punit soi-même, par la méfiance à l'égard de ses propres sentiments; on martyrise son enthousiasme par le doute, la bonne conscience vous apparaît déjà comme un danger, au point que l'on pourrait croire que le *moi* en est irrité et qu'une sincérité plus subtile s'en fatigue. Encore, et avant toute autre chose, on prend parti, par principe, contre la « jeunesse ». — Dix ans plus tard on se rend compte que cela aussi n'a été que — jeunesse!

32.

Durant la plus longue période de l'histoire humaine — on l'appelle les temps préhistoriques — on jugeait de la valeur et de la non-valeur d'un acte d'après ses conséquences. L'acte, par lui-même, entrait tout aussi peu en considération que son origine. Il se passait à peu près ce qui se passe encore aujourd'hui en Chine, où l'honneur ou la honte des enfants remonte aux parents. De même, l'effet rétroactif du succès ou de l'insuccès poussait les hommes à penser bien ou mal d'une action. Appelons cette période la période *prémorale* de l'humanité. L'impératif « connais-toi toi-même « était alors encore inconnu. Mais, durant les derniers dix mille ans, on en est venu, peu à peu, sur une grande surface du globe, à ne plus considérer les conséquences d'un acte comme décisives au point de vue de la valeur de cet acte, mais seulement son origine. C'est, dans son ensemble, un événement considérable qui a amené un grand affinement du regard et de la mesure, effet inconscient du règne des valeurs aristocratiques et de la croyance à l' « origine », signe d'une période que l'on peut appeler, au sens plus étroit, la période *morale* : ainsi s'effectue la première tentative pour arriver à la connaissance de soi-même. Au lieu des conséquences, l'origine. Quel renversement de la perspective ! Certes, renversement obtenu seulement après de longues luttes et des hésitations prolongées ! Il est vrai que, par là, une nouvelle superstition néfaste, une singulière étroitesse de l'interprétation, se mirent à dominer. Car on interpréta l'origine d'un acte, dans le sens le plus précis, comme dérivant d'une *intention*, on s'entendit pour croire que la valeur d'un acte réside dans la valeur de l'intention. L'intention serait toute l'origine, toute l'histoire d'une action. Sous l'empire de ce préjugé, on se mit à louer et à blâmer, à juger et aussi à philosopher, au point de vue moral, jusqu'à nos jours. — Ne serions-nous pas arrivés, aujourd'hui, à la nécessité de nous éclairer encore une fois au sujet du renversement et du déplacement général des valeurs, grâce à un nouveau retour sur soi-même, à un nouvel approfondissement de l'homme ? Ne serions-nous pas au seuil d'une période qu'il faudrait, avant tout, dénommer négativement période *extra-morale?* Aussi bien, nous autres immoralistes, soupçonnons-nous aujourd'hui que c'est précisément ce qu'il y a de *non-intentionnel* dans un acte qui lui prête une valeur décisive, et que tout ce qui y paraît prémédité, tout ce que l'on peut voir, savoir, tout ce qui vient à la « conscience », fait encore partie de sa surface, de sa « peau », qui, comme toute peau, *cache* bien plus de choses qu'elle n'en révèle. Bref, nous croyons que l'intention n'est qu'un signe et un symptôme qui a besoin d'interprétation, et ce signe possède des sens trop différents pour signifier quelque chose par lui-même. Nous croyons encore que la morale, telle qu'on l'a entendue jusqu'à présent, dans le sens de morale d'intention, a été un préjugé, une chose hâtive et provisoire peut-être, de la nature de l'astrologie et de l'alchimie, en tous les cas quelque chose qui doit être surmonté. Surmonter la morale, en un certain sens même la morale surmontée par elle-même : ce sera la longue et mystérieuse tâche, réservée aux consciences les plus délicates et les plus loyales, mais aussi aux plus méchantes qu'il y ait aujourd'hui, comme à de vivantes pierres de touche de l'âme. —

33.

Cela ne sert de rien, il faut impitoyablement demander raison à tous les sentiments d'abnégation et de sacrifice pour le prochain, citer en justice toute la morale d'abnégation. Il faut agir de même avec l'esthétique de la « vision désintéressée », sous les auspices de laquelle l'efféminement de l'art cherche aujourd'hui à se créer, d'insidieuse façon, une bonne conscience. Il y a beaucoup trop de séduction et de douceur dans ce sentiment qui veut s'affirmer « pour autrui » et non « pour moi », aussi est-il nécessaire de se méfier doublement et de se demander si ce ne sont pas là simplement des *séductions*. — Qu'elles plaisent à celui qui les possède et jouit de leurs fruits, et aussi au simple spectateur, — ce n'est pas un argument en leur faveur; cela invite, tout au contraire, à la méfiance. Soyons donc méfiants.

34.

Quel que soit le point de vue philosophique où l'on se place aujourd'hui, partout le *caractère erroné* du monde dans lequel nous pensons vivre nous apparaît comme la chose la plus certaine et la plus solide que notre œil puisse saisir. Nous trouvons une raison après l'autre qui voudraient nous induire à des suppositions au sujet du principe trompeur, caché dans « l'essence des choses ». Mais quiconque rend responsable de la fausseté du monde notre mode de penser, c'est-à-dire « l'esprit » — échappatoire honorable pour tout avocat de Dieu, conscient ou inconscient — quiconque considère ce monde, ainsi que l'espace, le temps, la forme, le mouvement, comme faussement *inférés*, celui-là aurait du moins de bonnes raisons pour apprendre à se méfier, enfin, de la pensée même. La pensée ne nous aurait-elle pas joué jusqu'à présent le plus mauvais tour ? Et quelle garantie aurions-nous de croire qu'elle ne continuera pas à faire ce qu'elle a toujours fait ? Sérieusement, l'innocence des penseurs a quelque chose de touchant qui inspire le respect. Cette innocence permet aux penseurs de se dresser aujourd'hui encore, en face de la conscience, pour lui demander une réponse *loyale*, pour lui demander, par exemple, si elle est « réelle », pourquoi elle se débarrasse en somme si résolûment du monde extérieur, et autres questions de même nature. La croyance en des « certitudes immédiates » est une naïveté *morale* qui nous fait honneur, à nous autres philosophes. Mais, une fois pour toutes, il nous est interdit d'être des hommes « *exclusivement* moraux » ! Abstraction faite de la morale, cette croyance est une absurdité qui nous fait peu d'honneur ! Dans la vie civile la méfiance toujours aux aguets peut être la preuve d'un « mauvais caractère » et passer dès lors pour peu habile, mais, lorsque nous sommes entre nous, au delà du monde bourgeois et de ses appréciations, qu'est-ce qui devrait nous empêcher d'être déraisonnables et de nous dire : le philosophe a acquis le droit au « mauvais caractère », étant l'être qui jusqu'à présent a été le plus dupé sur la terre ? Il a aujourd'hui le devoir de se méfier, de regarder toujours de travers, comme s'il voyait des abîmes de suspicion. — On me pardonnera ce tour d'esprit macabre, car j'ai appris moi-même, depuis longtemps, à penser autrement, à avoir une évaluation différente sur le fait de duper quelqu'un et d'être dupé, et je tiens en réserve quelques bonnes bourrades pour la colère aveugle des philosophes qui se défendent d'être dupés. Eh pourquoi pas ! Ce n'est qu'un préjugé moral de croire que la vérité vaut mieux que l'apparence. C'est même la supposition la plus mal fondée qui soit au monde. Qu'on veuille bien se l'avouer, la vie n'existerait pas du tout si elle n'avait pour base des appréciations et des illusions de perspective. Si, avec le vertueux enthousiasme et la balourdise de certains philosophes, on voulait supprimer totalement le « monde des apparences » — en admettant même que *vous* le puissiez — il y a une chose dont il ne resterait du moins plus rien : de votre « vérité ». Car y a-t-il quelque chose qui nous force à croire qu'il existe une contradiction essentielle entre le « vrai » et le « faux » ? Ne suffit-il pas d'admettre des degrés dans l'apparence, des ombres plus claires et plus obscures en quelque sorte, des tons d'ensemble dans la fiction, — des *valeurs* différentes, pour parler le langage des peintres ? Pourquoi le monde *qui nous concerne* ne serait-il pas une fiction ? Et si quelqu'un nous disait : « Mais, la fiction nécessite un auteur » — ne pourrions-nous pas répondre « *Pourquoi?* ». Car « nécessiter » n'est-ce pas là aussi une partie de la fiction? N'est-il donc pas permis d'être quelque peu ironique à l'égard du sujet, comme à l'égard de l'attribut et du complément? Le philosophe n'aurait-il pas le droit de s'élever contre la foi en la grammaire? Nous sommes pleins de respect pour les gouvernantes; mais ne serait-il pas temps que la philosophie abjurât la foi aux gouvernantes? —

35.

O Voltaire! O humanité! O bêtise! La « vérité », la recherche de la vérité, ce sont là choses délicates; et si l'homme s'y prend d'une façon humaine, trop humaine, — « *il ne cherche le vrai que pour faire le bien* », — je parie qu'il ne trouvera rien.

36.

En admettant que rien de réel ne soit « donné », si ce n'est notre monde des désirs et des passions, que nous n'atteignons d'autre « réalité » que celle de nos instincts — car penser n'est qu'un rapport de ces instincts entre eux, — n'est-il pas permis de se demander si ce qui est « donné » ne *suffit* pas pour rendre intelligible, par ce qui nous ressemble, l'univers nommé mécanique (ou « matériel »)? Je ne veux pas dire par là qu'il faut entendre l'univers comme une illusion, une « apparence », une « représentation » (au sens de Berkeley ou de Schopenhauer), mais comme ayant une réalité de même ordre que celle de nos passions, comme une forme plus primitive du monde des passions, où tout ce qui, plus tard, dans le processus organique, sera séparé et différencié (et aussi, comme il va de soi, affaibli et efféminé —) est encore lié par une puissante unité, pareil à une façon de vie instinctive où l'ensemble des fonctions organiques, régulation automatique, assimilation, nutrition, sécrétion, circulation, — est systématiquement lié, tel une *forme primaire* de la vie. — En fin de compte, il est non seulement permis d'entreprendre cette tentative, la conscience de la *méthode* l'impose même. Ne pas admettre plusieurs sortes de causalité, tant que l'on n'aura pas poussé jusqu'à son extrême limite l'effort pour réussir avec une seule (— jusqu'à l'absurde, soit dit avec votre permission), c'est là une morale de la méthode à quoi l'on ne peut pas se soustraire aujourd'hui. C'est une conséquence « par définition », comme disent les mathématiciens. Il faut se demander enfin si nous reconnaissons la volonté comme *agissante*, si nous croyons à la causalité de la volonté. S'il en est ainsi — et au fond *cette* croyance est la croyance à la causalité même — nous devons essayer de considérer hypothétiquement la causalité de la volonté comme la seule. La « volonté » ne peut naturellement agir que sur la « volonté », et non sur la « matière » (sur les « nerfs », par exemple); bref, il faut risquer l'hypothèse que, partout où l'on reconnaît des « effets », c'est la volonté qui agit sur la volonté, et aussi que tout processus mécanique, en tant qu'il est animé d'une force agissante, n'est autre chose que la force de volonté, l'effet de la volonté. — En admettant enfin qu'il soit possible d'établir que notre vie instinctive tout entière n'est que le développement et la différenciation d'une seule forme fondamentale de la volonté — je veux dire, conformément à ma thèse, de la volonté de puissance, — en admettant qu'il soit possible de ramener toutes les fonctions organiques à cette volonté de puissance, y trouver aussi la solution du problème de la fécondation et de la nutrition — c'est un seul et même problème — on aurait ainsi acquis le droit de désigner toute force agissante du nom de *volonté de puissance*. L'univers, vu du dedans, l'univers défini et déterminé par son « caractère intelligible », ne serait pas autre chose que la « volonté de puissance ». —

37.

« Mais comment? Cela ne veut-il pas dire au sens populaire : Dieu est réfuté, le diable ne l'est point? » Tout au contraire, au contraire, mes amis! Et, que diable, qui donc vous oblige à parler d'une façon populaire?

38.

De même qu'il en est advenu encore, dans le plein jour des temps modernes, de la Révolution française, cette horrible farce, superflue, si on la juge de près, où cependant des spectateurs nobles et enthousiastes répandus dans toute l'Europe ont cru voir de loin la réalisation de leur long rêve passionné, rêve de révolte et d'enthousiasme, *jusqu'à ce que le texte disparût sous l'interprétation :* de même il se pourrait qu'une noble postérité interprétât mal encore une fois tout le passé et qu'elle rendît ainsi supportable l'aspect de celui-ci. — Ou plutôt, cela n'est-il pas arrivé déjà ? N'avons-nous pas été nous-mêmes cette « noble postérité » ? Et, en tant que nous le comprenons, ne sommes-nous pas au bout maintenant ?

39.

Personne n'admettra facilement la vérité d'une doctrine simplement parce que cette doctrine rend heureux ou vertueux, exception faite peut-être des aimables « idéalistes », qui s'exaltent pour le vrai, le beau et le bien et qui élèvent dans leurs marécages, où elles nagent dans un pêle-mêle bariolé, toutes sortes de choses désirables, lourdes et inoffensives. Le bonheur et la vertu ne sont pas des arguments. On oublie cependant volontiers, même du côté des esprits réfléchis, que rendre malheureux, rendre méchant, sont tout aussi peu des arguments contraires. Une chose pourrait être vraie bien qu'elle fût au plus haut degré nuisible et dangereuse. Périr par la connaissance absolue pourrait même faire partie du fondement de l'Être, de sorte qu'il faudrait mesurer la force d'un esprit selon la dose de « vérité » qu'il serait capable d'absorber impunément, plus exactement selon le degré auquel il faudrait délayer pour lui la vérité, la voiler, l'adoucir, l'épaissir, la fausser. Mais le doute n'est pas possible, dans la découverte de certaines parties de la vérité les méchants et les malheureux sont plus favorisés et ont plus de chance de réussir. Pour ne point parler ici des méchants qui sont heureux, une espèce que les moralistes passent sous silence. Peut-être la dureté et la ruse fournissent-elles des conditions plus favorables pour l'éclosion des esprits robustes et des philosophes indépendants que cette bonhomie pleine de douceur et de souplesse, cet art de l'insouciance que l'on apprécie à juste titre chez les savants. Avec cette réserve cependant qu'on ne borne pas la conception du « philosophe » au philosophe qui écrit des livres, ou qui fait des livres avec sa philosophie. — Stendhal ajoute un dernier trait à l'esquisse du philosophe de la pensée libre, un trait que, pour l'édification du goût allemand, je ne veux pas omettre de souligner ici. « *Pour être bon philosophe*, dit ce dernier grand psychologue, *il faut être sec, clair, sans illusion*.

Un banquier qui a fait fortune a une partie du caractère requis pour faire des découvertes en philosophie, c'est-à-dire pour voir clair dans ce qui est. »

40.

Tout ce qui est profond aime le masque. Les choses les plus profondes éprouvent même une certaine haine à l'égard des images et des symboles. Le *contraste* ne serait-il pas le meilleur déguisement que revêtirait la pudeur d'un dieu? C'est là une question digne d'être posée. Il serait singulier que quelque mystique n'eût pas essayé sur lui quelque chose de semblable. Il y a des phénomènes d'espèce si délicate qu'on fait bien de les étouffer sous une grossièreté pour les rendre méconnaissables. Il est des actions inspirées par l'amour et une générosité sans borne qu'il faut faire oublier en rossant à coups de bâtons celui qui en a été témoin. C'est une façon de troubler sa mémoire. Quelques-uns s'entendent à troubler leur propre mémoire, à la martyriser pour exercer une vengeance du moins sur cet unique complice. La pudeur est inventive. Ce ne sont pas les pires choses dont on a le plus honte. Un masque cache souvent autre chose que de la perfidie. Il y a tant de bonté dans la ruse ! J'imaginerais facilement un homme qui, ayant à cacher quelque chose de précieux et de délicat, roulerait à travers la vie, gros et rond, tel un fût de vin solidement cerclé. Sa subtile pudeur exige qu'il en soit ainsi. Pour un homme doué d'une pudeur profonde, les destinées et les crises délicates choisissent des voies où presque personne n'a jamais passé, des voies que doivent même ignorer ses plus intimes confidents. Il se cache d'eux lorsque sa vie est en danger et aussi lorsqu'il a reconquis sa sécurité. Un tel homme caché qui, par instinct, a besoin de la parole pour se taire et pour taire, inépuisable dans les moyens de voiler sa pensée, demande que ce soit un masque qui emplisse, à sa place, le cœur et esprit de ses amis, et il s'entend à encourager ce mirage. En admettant pourtant qu'il veuille être sincère, il s'apercevra un jour que, malgré tout, ce n'est qu'un masque que l'on connaît de lui et qu'il est bon qu'il en soit ainsi. Tout esprit profond a besoin d'un masque. Je dirai plus encore : autour de tout esprit profond grandit et se développe sans cesse un masque, grâce à l'interprétation toujours fausse, c'est-à-dire *plate*, de chacune de ses paroles, de chacune de ses démarches, du moindre signe de vie qu'il donne.

41.

Il faut faire ses preuves devant soi-même, pour démontrer que l'on est né pour l'indépendance et le commandement, il faut les faire au bon moment. Il ne faut pas vouloir éviter ses épreuves d'essai, bien qu'elles soient peut-être le jeu le plus dangereux que l'on puisse jouer et qu'en somme il ne s'agit que d'essais dont nous sommes les seuls témoins et dont personne d'autre n'est juge. Ne s'attacher à aucune personne, fût-elle même la plus chère, — toute personne est une prison, et aussi un recoin. Ne pas rester lié à une patrie, fût-elle la plus souffrante et la plus faible, — il est moins difficile de détacher son cœur d'une patrie victorieuse. Ne pas rester lié à un sentiment de pitié, dût-il s'adresser à des hommes supérieurs, dont le hasard nous aurait laissé pénétrer le martyre et l'isolement. Ne pas rester lié à une science, nous apparût-elle sous l'aspect le plus séduisant, avec des trouvailles précieuses qui parussent réservées pour nous. Ne pas rester lié à son propre détachement, à cet éloignement voluptueux de l'oiseau qui fuit toujours plus haut dans les airs, emporté par son vol, pour voir toujours plus de choses au-dessous de lui, — c'est le danger de celui qui plane. Ne pas rester lié à nos propres vertus et être victime, dans notre ensemble, d'une de nos qualités particulières, par exemple de notre « hospitalité », comme c'est le danger chez les âmes nobles et abondantes qui se dépensent avec prodigalité et presque avec indifférence et poussent jusqu'au vice la vertu de la libéralité. Il faut savoir se conserver. C'est la meilleure preuve d'indépendance.

42.

Une nouvelle race de philosophes se lève. J'ose la baptiser d'un nom qui n'est pas sans danger. Tels que je les devine, tels qu'ils se laissent deviner — car il est dans leur nature de vouloir rester quelque peu énigmes, — ces philosophes de l'avenir voudraient avoir, justement et peut-être aussi injustement — un droit à être appelés des *séducteurs*. Lancer ce qualificatif ce n'est peut-être, en fin de compte, qu'une tentative et, si l'on veut, une tentation.

43.

Seront-ils de nouveaux amis de la « vérité », ces philosophes de l'avenir? Sans doute, car tous les philosophes ont, jusqu'à présent, aimé leur vérité. Mais certainement ce ne seront pas des dogmatiques. Ce serait contraire à leur fierté et irait aussi contre leur goût si leur vérité devait être une vérité pour tout le monde, ce qui fut jusqu'à présent le secret désir et la pensée de derrière la tête de toutes les aspirations dogmatiques. « Mon jugement, c'est mon jugement à moi : un autre ne me semble pas y avoir droit — ainsi s'exprimera peut-être un de ces philosophes de l'avenir. Il faut se garder du mauvais goût d'avoir des idées communes avec beaucoup de gens. « Bien » n'est plus bien dès que le voisin l'a en bouche. Et comment se pourrait-il qu'il y eût un « bien public » ! Le mot se contredit lui-même. Ce qui peut être public est toujours de peu de valeur. En fin de compte, il faut qu'il en soit comme il en a toujours été : les grandes choses sont réservées aux grands, les profondes aux profonds, les douceurs et les frissons aux âmes subtiles, bref, tout ce qui est rare aux êtres rares.

44.

Après tout cela, ai-je encore besoin de dire qu'eux aussi seront des esprits libres, de très libres esprits, ces philosophes de l'avenir, bien qu'il soit certain qu'ils ne seront pas seulement des esprits libres, mais quelque chose de plus, quelque chose de supérieur et de plus grand, quelque chose de foncièrement différent, qui ne veut être ni méconnu, ni confondu ? Mais, tout en disant cela, je sens envers eux, autant qu'envers nous-mêmes, qui sommes les hérauts et les précurseurs, nous autres esprits libres ! — je sens le devoir d'écarter de nous un vieil et stupide préjugé, une ancienne méprise, qui, depuis trop longtemps, ont obscurci comme d'un brouillard l'idée d'« esprit », lui enlevant sa limpidité. Dans tous les pays de l'Europe, et aussi en Amérique, il y a maintenant des gens qui abusent de ce mot. C'est une espèce d'esprits très étroits, d'esprits bornés et attachés de chaînes, qui aspirent à peu près au contraire de ce qui répond à nos intentions et à nos instincts, — sans compter que l'avènement de ces *nouveaux* philosophes les fait demeurer fenêtres fermées et portes verrouillées. Pour le dire sans ambages, ils font malheureusement partie des *niveleurs*, ces esprits faussement dénommés « libres » — car ce sont les esclaves diserts, les plumitifs du goût démocratique et des « idées modernes » propres à ce goût. Tous hommes sans solitude, sans une solitude qui leur soit propre; ce sont de braves garçons à qui l'on ne peut dénier ni courage ni mœurs honorables, si ce n'est qu'ils sont sans liberté et ridiculement superficiels, surtout avec cette tendance qui leur fait voir, à peu près, dans les formes de la vieille société, la cause de *toutes* les misères humaines et de tous les déboires : par quoi la vérité finit par être placée sur la tête! Ce à quoi ils tendent de toutes leurs forces, c'est le bonheur général des troupeaux sur le pâturage, avec la sécurité, le bien-être et l'allègement de l'existence pour tout le monde. Les deux rengaines qu'ils chantent le plus souvent sont « égalité des droits » et « pitié pour tout ce qui souffre », et ils considèrent la souffrance elle-même comme quelque chose qu'il faut *supprimer*. Nous, qui voyons les choses sous une autre face, nous qui avons ouvert notre esprit à la question de savoir où et comment la plante « homme » s'est développée le plus vigoureusement jusqu'ici, nous croyons qu'il a fallu pour cela des conditions toutes contraires, que, chez l'homme, le danger de la situation a dû grandir jusqu'à l'énormité, le génie d'invention et de dissimulation (l'« esprit »), sous une pression et une contrainte prolongée, se développer en hardiesse et en subtilité, la volonté de vivre se surhausser jusqu'à l'absolue volonté de puissance. Nous pensons que la dureté, la violence, l'esclavage, le péril dans l'âme et dans la rue, que la dissimulation, le stoïcisme, les artifices et les diableries de toutes sortes, que tout ce qui est mauvais, terrible, tyrannique, tout ce qui chez l'homme tient de la bête de proie et du serpent sert tout aussi bien à l'élévation du type homme que son contraire. Et, en ne disant que cela, nous n'en disons pas assez, car, tant par nos paroles que par nos silences en cet endroit, nous nous trouvons à *l'autre* bout de toute idéologie moderne, de tous désirs du troupeau. Serions-nous peut-être les antipodes de ceux-ci ? Quoi d'étonnant si nous autres « esprits libres » ne sommes pas précisément les esprits les plus communicatifs? si nous ne souhaitons pas de révéler, à tous égards, *de quoi* un esprit peut se libérer, et où il sera peut-être poussé ensuite. Pour ce qui en est de la dangereuse formule « par delà le bien et le mal », elle nous préserve au moins d'un quiproquo, car nous sommes tout autre chose que des « *libres-penseurs* », des « *liberi pensatori* », des « *freie Geister* » et quels que soient les noms qu'aiment à se donner ces braves sectateurs de l'« idée moderne ». Familiers dans beaucoup de provinces de l'esprit, dont nous avons, pour le moins, été les hôtes ; nous échappant toujours des réduits obscurs et agréables où les préférences et les préjugés, la jeunesse, notre origine, le hasard des hommes et des livres, ou même les lassitudes des pèlerinages, paraissaient nous retenir, pleins de malice en face des séductions de la dépendance qui se cachent dans les honneurs, dans l'argent, les fonctions publiques ou l'exaltation des sens; reconnaissant même à l'égard du malheur et des vicissitudes de la maladie, puisque toujours ils nous débarrassaient d'une règle et du « préjugé » de cette règle; reconnaissants envers Dieu, le diable, la brebis et le ver qui se cachent en nous ; curieux jusqu'au vice, chercheurs jusqu'à la cruauté, avec des doigts audacieux pour l'insaisissable, avec des dents et un estomac pour ce qu'il y a de plus indigeste, prêts à n'importe quel métier qui demande de la sagacité et des sens aigus ; prêts à n'importe quelle aventure grâce à un excès de libre jugement ; possédant des âmes antérieures et postérieures dont personne ne pénètre les dernières intentions, des premiers plans et des arrière-plans que nul n'oserait parcourir. Cachés sous le manteau de la lumière, nous sommes des conquérants, bien que nous paraissions semblables à des héritiers et à des dissipateurs ; classeurs et collectionneurs du matin au soir, avares de nos richesses et de nos casiers débordants, économes à apprendre et à oublier, inventifs dans les systèmes, quelquefois orgueilleux des tables de catégories, parfois pédants, parfois nocturnes hiboux du travail, même en plein jour; parfois épouvantails aussi, quand il le faut — et aujourd'hui il le faut; je veux dire en tant que nous sommes les amis de la solitude, amis innés, jurés et jaloux, de notre propre solitude profonde de midi et de minuit. Voilà l'espèce d'hommes que nous sommes, nous autres esprits libres! Et peut-être en êtes-vous aussi, vous qui viendrez dans l'avenir, vous les *nouveaux* philosophes? —

CHAPITRE TROISIÈME

L'ESPRIT RELIGIEUX

45.

L'âme humaine et ses limites, la sphère d'expérience, parcourue jusqu'à présent par l'âme humaine, les sommets, les profondeurs et l'étendue de ces expériences, toute l'histoire de l'âme *jusqu'à nos jours*, ses possibilités non encore réalisées, voilà le district de chasse réservé au psychologue de naissance, à l'ami de la «grande chasse». Mais combien de fois il se dira avec désespoir : « Je suis seul, hélas! tout seul, et la forêt est si vaste et inexplorée! » Alors il souhaitera pour lui quelques centaines d'auxiliaires de chasse et de fins limiers qu'il pourrait envoyer sur les pistes de l'âme humaine pour y traquer son gibier. Cependant ses appels sont vains, il éprouve tous les jours davantage, avec une amère déception, combien il est difficile de trouver, pour toutes les choses qui justement excitent sa curiosité, des aides et des chiens. L'inconvénient qu'il y a à envoyer des savants sur des domaines nouveaux et dangereux, où, à tous égards, le courage, la sagacité et la finesse sont nécessaires, vient de ce que ces savants ne sont plus bons à rien, dès que commence la «grande chasse», mais aussi le grand danger, car c'est alors qu'ils perdent leur flair et leur regard perçant. Pour deviner, par exemple, et établir quelle fut l'histoire du problème de la *science* et de la *connaissance* dans l'âme des *hommes religieux*, peut-être faudrait-il être soi-même aussi profond, aussi blessé, aussi énorme que la conscience intellectuelle d'un Pascal. Encore faudrait-il, de plus, cet horizon vaste d'une spiritualité claire et malicieuse, d'une spiritualité qui serait capable de voir de haut, d'embrasser et de ramener en formules ce chaos d'expériences dangereuses et douloureuses. — Mais qui me rendrait ce service! Qui aurait le temps d'attendre de pareils auxiliaires! Ceux-ci sont évidemment trop rares, leur venue est de tous temps si invraisemblable! En fin de compte, il faut tout faire soi-même, pour apprendre quelque chose, ce qui fait que l'on a *beaucoup* à faire! — Mais une curiosité dans le genre de la mienne reste le plus agréable des vices. Pardon, je voulais dire que l'amour de la vérité a sa récompense au ciel et déjà sur la terre.

46.

La foi, telle que l'exigeait le premier christianisme, telle qu'il l'a souvent réalisée, au milieu d'un monde sceptique d'esprits libres et méditerranéens qui avaient derrière eux la lutte séculaire d'écoles philosophiques, sans oublier l'éducation de tolérance que donnait l'Empire romain, — cette foi est toute différente de cette croyance de fidèle sujet, naïve et hargneuse, par laquelle un Luther, un Cromwell ou quelque autre barbare du Nord s'attachèrent à leur Dieu et à leur christianisme. Elle se retrouve bien plutôt dans la foi de Pascal, cette foi qui ressemble d'une façon épouvantable à un continuel suicide de la raison. C'était là une raison tenace et opiniâtre comme un ver rongeur, et on ne saurait l'assommer d'un seul coup. La foi chrétienne est dès l'origine un sacrifice : sacrifice de toute indépendance, de toute fierté, de toute liberté de l'esprit, en même temps servilité, insulte à soi-même, mutilation de soi. Il y a de la cruauté et du *phénicisme* religieux dans cette croyance imposée à une conscience tendre, compliquée et très délicate : elle suppose que la soumission de l'esprit fait infiniment mal, que tout le passé et les habitudes d'un tel esprit se révoltent contre l'*absurdissimum* que représente, pour lui, une telle « foi ». Les hommes modernes, sur lesquels s'est usée la nomenclature chrétienne, ne ressentent plus ce qu'il y avait de terrible et de superlatif, pour le goût antique, dans le paradoxe de la formule « Dieu en croix ». Jamais et nulle part il n'y a plus eu jusqu'à présent une telle audace dans le renversement des idées, quelque chose d'aussi terrible, d'aussi angoissant et d'aussi problématique que cette formule : elle promettait une transmutation de toutes les valeurs antiques. — C'est l'Orient, l'Orient *profond*, l'esclave oriental qui se vengeaient ainsi de Rome, de sa noble et frivole tolérance, qui se vengeaient de ce « catholicisme » romain de l'incrédulité. Et ce ne fut toujours pas la foi, mais l'indépendance à l'égard de la foi, cette insouciance souriante et demi-stoïque en face du sérieux de la foi qui, chez les maîtres, révolta les esclaves contre leurs maîtres ! La « lumière » révolte : car l'esclave veut quelque chose d'absolu, il ne comprend que ce qui est tyrannique, même en morale. Il aime comme il hait, sans nuance, profondément, jusqu'à la douleur, jusqu'à la maladie. Sa longue souffrance *dissimulée* se révolte contre le bon goût qui paraît *nier* la souffrance. Le scepticisme à l'égard de la souffrance n'est au fond qu'une attitude de la morale aristocratique. Il n'est pas la moindre cause de la dernière grande révolte d'esclaves qui a commencé avec la Révolution française.

47.

Partout où s'est manifestée jusqu'à présent sur la terre la névrose religieuse, nous la trouvons liée à trois dangereuses prescriptions de régime : la solitude, le jeûne et la chasteté, mais sans que l'on puisse se rendre compte avec certitude de ce qui est ici la cause, de ce qui est l'effet, et s'il y a là un rapport de cause à effet. On peut émettre un dernier doute, si l'on considère que, tant chez les peuples sauvages que chez les peuples assagis, la volupté la plus soudaine et la plus exubérante fait aussi partie des symptômes les plus fréquents de cette névrose, une volupté qui se transforme ensuite tout aussi rapidement en crises de pénitence, négation du monde et anéantissement de la volonté. Ne pourrait-on interpréter l'une et l'autre tendance comme de l'épilepsie masquée? Mais nulle part on ne devrait davantage s'abstenir des interprétations. Nulle part, comme autour du type religieux, ne s'est développé autant de non-sens et de superstition, aucun ne semble avoir intéressé, jusqu'à présent, davantage les hommes et même les philosophes. Il serait vraiment temps de juger un peu plus froidement ce sujet, d'apprendre la circonspection, mieux encore de regarder ailleurs, de s'en aller. — Même à l'arrière-plan de la dernière venue parmi les philosophies, la philosophie schopenhauérienne, se trouve, presque comme problème par excellence, cette épouvantable question de la crise et du réveil religieux. Comment la négation de la volonté est-elle possible? Comment l'homme saint est-il possible? — Il semble vraiment que ce sont ces questions qui firent de Schopenhauer un philosophe et qui le poussèrent à débuter dans la philosophie. Et ce fut une bonne conséquence schopenhauérienne, si son disciple le plus convaincu (peut-être aussi le dernier, pour ce qui concerne l'Allemagne), je veux dire Richard Wagner, paracheva de la même façon l'œuvre de sa vie et finit par mettre à la scène ce type terrible et immortel de Kundry, *type vécu* en chair et en os. A la même époque les médecins aliénistes de presque tous les pays de l'Europe avaient un prétexte pour l'étudier de près, partout où la névrose religieuse — je l'appelle la « manie » religieuse, — sous le nom d' « armée du salut », avait produit sa dernière éruption épidémique. — Si l'on se demande ce qui a semblé si extraordinairement intéressant dans l'ensemble de ce phénomène qui apparaît, sous le nom de saint, aux hommes de toutes les classes et de tous les temps, même au philosophes, on peut répondre que c'est, sans nul doute, l'apparence de miracle que prend ce phénomène, c'est-à-dire la *succession* immédiate *de contrastes*, d'états d'âmes qui possèdent des aspects moraux contradictoires. On croyait saisir ici de la façon la plus vivante la transformation d'un « homme méchant » devenant soudain un « saint » et un homme bon. Jusqu'à présent, la psychologie a échoué en cet endroit. N'était-ce pas surtout parce qu'elle s'était placée sous la domination de la morale, parce qu'elle *croyait* aux oppositions morales des valeurs, parce qu'elle introduisit cette opposition dans les faits, pour y chercher une interprétation ?. — Comment? Le « miracle » ne serait qu'une erreur d'interprétation? Un manque de philologie?

48.

Le catholicisme semble appartenir d'une façon beaucoup plus intime aux races latines que tout notre christianisme à nous autres hommes du Nord. Par conséquent, l'incrédulité signifierait tout autre chose dans les pays catholiques que dans les pays protestants, ce serait une sorte de révolte contre l'esprit de la race, tandis que chez nous ce serait plutôt un retour à l'esprit (ou au manque d'esprit) de la race. Nous autres hommes du Nord, tirons certainement notre origine des races barbares, même pour ce qui en est de notre sens religieux. Nous sommes mal doués pour la religion. On peut excepter les Celtes qui, pour cette raison, ont fourni le meilleur terrain à la propagation du christianisme dans le Nord. En France, l'idéal chrétien s'est épanoui autant que le permettait le pâle soleil du Nord. Comme ils nous apparaissent singulièrement pieux, selon notre goût, ces sceptiques de la France contemporaine, pour autant qu'ils tirent leur origine du sang celtique ! Comme la sociologie d'Auguste Comte nous a une odeur catholique, avec sa logique bien romaine dans l'instinct. Comme il est jésuitique cet aimable et sagace cicerone de Port-Royal, Sainte-Beuve, malgré toute l'hostilité qu'il oppose aux jésuites ! Et si nous songeons à Ernest Renan ! Comme cette langue de Renan nous paraît inaccessible à nous autres hommes du Nord, cette langue où, à chaque instant, un rien de tension religieuse trouble l'équilibre d'une âme subtilement religieuse et d'un sybaritisme si délicat ! Répétez avec lui ces belles phrases, quel écho de méchanceté et d'insolence elles éveilleront dans notre âme certainement moins belle et plus dure, dans notre âme allemande ! — « *Disons donc hardiment que la religion est un produit de l'homme normal, que l'homme est le plus dans le vrai quand il est le plus religieux et le plus assuré d'une destinée infinie... C'est quand il est bon qu'il veut que la vertu corresponde à un ordre éternel, c'est quand il contemple les choses d'une manière désintéressée qu'il trouve la mort révoltante et absurde. Comment ne pas supposer que c'est dans ces moments-là que l'homme voit le mieux ?* » — Ces phrases sont si contraires aux habitudes de ma pensée, il me semble tellement les entendre prononcer aux antipodes de moi-même que, la première fois qu'elles me tombèrent sous les yeux, mon premier mouvement de colère me fit écrire en marge : « *la niaiserie religieuse par excellence !* » — Mais enfin, mon dernier mouvement de colère finit par me faire aimer ces phrases, avec leur vérité placée sur la tête ! Il est si exquis et d'une telle distinction d'avoir ses antipodes !

49.

Ce qui étonne dans la religiosité des anciens Grecs, c'est l'abondance effrénée de gratitude qu'elle exhale. Quelle noble espèce d'hommes qui ont une telle attitude devant la vie ! — Plus tard, lorsque la populace eut la prépondérance en Grèce, la *crainte* envahit aussi la religion, alors le christianisme se prépare...

50.

La passion pour Dieu : il en est de brutales, de sincères et d'importunes, comme celle de Luther, — au protestantisme tout entier la *délicatesse* du Midi fait défaut. Il y a une façon orientale d'être hors des gonds, comme c'est le cas chez l'esclave affranchi ou émancipé à tort, par exemple chez saint Augustin, dont le manque de noblesse dans les attitudes et les désirs va jusqu'à devenir blessant. Il y a une tendresse et une ardeur toutes féminines, qui, pleines de timidité et d'ignorance, aspirent à une union mystique et physique, comme chez Mme Guyon. Dans nombre de cas, cette passion apparaît, de façon assez singulière, comme le déguisement de la puberté chez la jeune fille ou l'adolescent, parfois même comme l'hystérie d'une vieille demoiselle, et aussi comme la dernière ambition de celle-ci. Plus d'une fois, dans des cas pareils, l'Eglise a canonisé la femme.

51.

Jusqu'à présent, les hommes les plus puissants se sont inclinés devant le saint, le considérant comme l'énigme de l'empire sur soi-même et de la privation volontaire. Pourquoi s'inclinaient-ils ? Ils soupçonnaient chez lui — en quelque sorte derrière l'énigme de son apparence fragile et misérable — la force supérieure qui tendait à s'affirmer dans une telle contrainte, la puissance de volonté, où ils reconnaissaient et vénéraient leur propre puissance et leur joie de dominer. C'est une partie d'eux-mêmes qu'ils honoraient en honorant le saint. Il faut ajouter que l'aspect du saint les rendait méfiants. Une telle monstruosité de négation et de contre-nature ne peut pas avoir été désirée en vain. Voilà ce qu'ils se demandaient. Il existe peut-être un motif, un très grand danger que l'ascète, grâce à ses approbateurs et à ses visiteurs secrets, pourrait connaître de plus près. Quoi qu'il en soit, les puissants de la terre apprirent, auprès de lui, une crainte nouvelle, ils devinèrent une nouvelle puissance, un ennemi étranger qui n'avait pas encore été vaincu. Ce fut la « volonté de puissance » qui les obligea à s'arrêter devant le saint. Ils étaient forcés de l'interroger. — —

52.

Dans l'« ancien Testament » juif, le livre de la justice divine, il y a des hommes, des choses et des discours d'un si grand style que les littératures grecque et hindoue n'ont rien à leur opposer. On s'arrête avec crainte et vénération devant ces vestiges prodigieux de ce que l'homme était autrefois et l'on songe tristement à la vieille Asie et à sa petite presqu'île, l'Europe, laquelle voudrait absolument signifier « progrès de l'homme » à l'égard de l'Asie. Il est vrai que celui qui n'est lui-même qu'un animal domestique docile et falot, celui qui ne connaît que les besoins de l'animal domestique (pareil à nos hommes cultivés d'aujourd'hui, sans oublier les chrétiens du christianisme « éclairé » —) celui-là ne doit ni s'étonner ni s'attrister parmi ces ruines. Le goût pour l'ancien Testament est une pierre de touche pour connaître ce qui est « grand » et « petit ». Peut-être trouvera-t-il le nouveau Testament, le livre de la grâce, plutôt selon son cœur (on y trouve des traces nombreuses de cette véritable odeur des cagots et des petites âmes tendres et bornées). Avoir accolé à l'ancien Testament ce nouveau Testament, au goût si rococo à tous les points de vue, pour n'en faire qu'un seul livre que l'on a appelé « Bible », le « livre des livres », c'est peut-être la plus grande témérité, le plus grand « péché contre l'esprit » que l'Europe littéraire ait sur la conscience.

53.

Pourquoi aujourd'hui de l'athéisme? — Le « père » en Dieu est foncièrement réfuté, de même le «juge», le « dispensateur ». De même son « libre arbitre » : il n'entend pas, et, s'il entendait, il ne saurait pourtant pas venir en aide. Ce qu'il y a de pire c'est qu'il paraît incapable de se communiquer clairement. Est-il obscur? — Voilà ce que j'ai recueilli de plusieurs entretiens pris à droite et à gauche, en questionnant, en écoutant çà et là, au sujet de la ruine du théisme européen et de sa cause. Il me semble que l'instinct religieux, bien qu'il se développe puissamment, rejette le théisme avec une profonde méfiance.

54.

De quoi s'occupe en somme toute la philosophie moderne? Depuis Descartes — et cela plutôt par défi contre lui qu'en s'appuyant sur ses affirmations — tous les philosophes commettent un attentat contre le vieux concept de l'âme, sous l'apparence d'une critique de la conception du sujet et de l'attribut, c'est-à-dire un attentat contre le postulat de la doctrine chrétienne. La philosophie moderne, en tant que théorie sceptique de la connaissance, est, soit d'une façon ouverte, soit d'une façon occulte, nettement *anti-chrétienne*, bien que, soit dit pour des oreilles plus subtiles, nullement anti-religieuse. Jadis, on croyait à l'« âme », comme on croyait à la grammaire et au sujet grammatical. On disait : « Je », condition, — « pense » attribut, conditionné. Penser est une activité, à laquelle il faut supposer un sujet comme cause. On tenta alors, avec une âpreté et une ruse admirables, de sortir de ce réseau ; on se demanda si ce n'était pas peut-être le contraire qui était vrai : « pense » condition, « je » conditionné. « Je » ne serait donc qu'une synthèse *créée* par la pensée même. Au fond, Kant voulait démontrer qu'en partant du sujet le sujet ne pouvait être démontré, et l'objet non plus. La possibilité d'une *existence apparente* du sujet universel, donc de l' « âme », ne paraissait pas lui avoir toujours été étrangère, cette pensée qui, comme philosophie des Vedanta, a déjà eu sur la terre une puissance formidable.

55.

Il y a une grande échelle de cruauté religieuse, avec beaucoup d'échelons, mais trois de ces échelons sont les plus importants. Autrefois, on sacrifiait à son dieu des hommes, peut-être justement ceux que l'on aimait le plus. Il en fut ainsi des offrandes des prémices, dans toutes les religions préhistoriques, et aussi des sacrifices de l'empereur

Tibère dans la grotte de Mithra de l'île Caprée, le plus épouvantable de tous les anachronismes romains. Plus tard, durant l'époque morale de l'humanité, on sacrifiait à son dieu ses instincts les plus violents, on lui sacrifiait sa propre « nature »; cette joie de fête éclate dans le regard cruel de l'ascète, de l'illuminé « contre-nature ». Et enfin, que restait-il encore à sacrifier ? Ne fallait-il pas sacrifier enfin tout ce qui consolait, sanctifiait et guérissait, tout espoir, toute foi en une harmonie cachée ? Ne fallait-il pas sacrifier Dieu lui-même, et, par cruauté vis-à-vis de soi-même, adorer la pierre, la bêtise, la lourdeur, le destin, le néant ? Sacrifier Dieu au néant — ce mystère paradoxal de la dernière cruauté a été réservé à notre génération montante, nous en savons tous déjà quelque chose. —

56.

Celui qui, mu par une sorte de désir énigmatique, s'est, comme moi, longtemps efforcé de méditer le pessimisme jusque dans ses profondeurs, de délivrer celui-ci de son étroitesse et de sa niaiserie mi-chrétienne, mi-allemande, car c'est sous cet aspect qu'il nous est apparu en dernier lieu durant ce siècle, je veux dire sous forme de philosophie schopenhauérienne. Celui qui a véritablement considéré une fois, sous tous ses aspects, avec un œil asiatique et superasiatique la pensée la plus négatrice qu'il y ait au monde — cette négation de l'univers par delà le bien et le mal, et non plus, comme chez Bouddha et Schopenhauer, sous le charme et l'illusion de la morale — celui-là s'est peut-être ouvert ainsi les yeux sans le vouloir précisément, pour l'idéal contraire, pour l'idéal de l'homme le plus impétueux, le plus vivant, le plus affirmateur qu'il y ait sur la terre, de l'homme qui n'a pas seulement appris à s'accommoder de ce qui a été et de ce qui est, mais qui veut aussi que le même état de choses continue, *tel qu'il a été et tel qu'il est*, et cela pour toute éternité, criant sans cesse « bis », non seulement pour soi, mais pour la pièce tout entière, pour tout le spectacle, et non seulement pour un pareil spectacle, mais au fond pour celui qui a besoin de ce spectacle et le rend nécessaire, parce qu'il a toujours besoin de lui-même et qu'il se rend nécessaire. — Comment? Ceci ne serait-il pas — *circulus vitiosus deus?* —

57.

Avec la force de son regard intellectuel et de sa vision de lui-même grandissent la distance et, en quelque sorte, l'espace qui s'étend autour de l'homme. Le monde devient alors plus profond, de nouvelles énigmes et de nouvelles images se présentent à la vue. Peut-être que tout ce à quoi l'œil de l'esprit a exercé sa sagacité et sa profondeur n'a été qu'un prétexte à cet exercice, un jeu et un enfantillage. Peut-être, un jour, les idées les plus solennelles, celles qui ont provoqué les plus grandes luttes et les plus grandes souffrances, les idées de « Dieu », du « péché », n'auront-elles pour nous pas plus d'importance que les jouets d'enfant et les chagrins d'enfant aux yeux d'un vieillard. Et peut-être le « vieil homme » a-t-il besoin d'un autre jouet encore et aussi d'un autre chagrin, — se sentant encore assez enfant, éternellement enfant!

58.

A-t-on observé combien l'oisiveté extérieure, ou une demi-oisiveté, est nécessaire à la vraie vie religieuse (autant au microscopique travail favori de l'examen de soi qu'à cette douce résignation qui s'appelle « prière » et qui est une attente perpétuelle de la « venue de Dieu »), je veux dire cette oisiveté avec une bonne conscience que l'on pratique dès l'origine et par tradition, non sans un certain sentiment aristocratique qui insinue que le travail *déshonore*, c'est-à-dire qu'il rend le corps et l'âme vulgaires? A-t-on observé que, par conséquent, l'activité laborieuse des temps modernes, cette activité bruyante et fière qui utilise bêtement chaque minute, prépare et dispose, mieux que tout le reste, à l'incrédulité? Parmi ceux qui vivent aujourd'hui, par exemple en Allemagne, à l'écart de la religion, il y a des hommes de « libre pensée », d'origines et d'espèces différentes, mais, avant tout, une majorité de ceux dont l'activité a fait disparaître, de génération en génération, les instincts religieux, de sorte qu'ils ne savent plus du tout à quoi servent les religions et qu'ils n'enregistrent plus qu'avec une sorte d'étonnement apathique leur présence dans le monde. Elles se trouvent déjà bien assez absorbées, ces excellentes personnes, soit par leurs affaires, soit par leurs plaisirs, pour ne point parler de la « patrie », de la lecture des journaux et des « devoirs de famille ». Il paraît qu'il ne leur reste plus du tout de temps pour la religion, encore qu'elles ne se rendent pas bien compte s'il s'agit là d'une nouvelle affaire ou d'un nouveau plaisir, car il est impossible, se disent-elles, qu'on aille à l'église, rien que pour se gâter la bonne humeur. Elles ne sont pas ennemies des coutumes religieuses. Si l'Etat exige, dans certains cas, leur participation à ces coutumes, elles font ce qui leur est demandé, comme on fait tant d'autres choses, — avec un sérieux patient et modeste, sans beaucoup de curiosité ou de déplaisir. Elles vivent beaucoup trop à l'écart et en dehors de tout cela, pour juger qu'il est nécessaire de se prononcer pour ou contre. La plupart des protestants allemands, dans les classes moyennes, font aujourd'hui partie de ces indifférents, soit qu'ils vivent dans les grands centres laborieux, industriels et commerciaux, soit qu'ils appartiennent au monde des savants et au personnel de l'université (exception faite des théologiens, dont l'existence et la possibilité donnent aux psychologues une énigme de plus en plus difficile à pénétrer). Parmi les hommes pieux, ou simplement favorables à l'Eglise, on se fait rarement une idée de ce qu'il faut de bonne volonté, on pourrait dire d'arbitraire, pour qu'aujourd'hui un savant allemand prenne au sérieux le problème de la religion ; de par toute sa profession (et, comme je l'ai indiqué, de par son activité professionnelle, à quoi le contraint sa conscience moderne), il incline à une sérénité supérieure, presque bienveillante, à l'égard de la religion, une sérénité à laquelle se mêle parfois un léger mépris, à cause de la « malpropreté d'esprit » qu'il suppose partout où l'on appartient encore à l'Eglise. Ce n'est qu'à l'aide de l'histoire (donc nullement par son expérience personnelle) que le savant arrive à considérer les religions avec une gravité respectueuse, à avoir pour elles certains égards ombrageux. Mais quand même il aurait élevé son sentiment pour la religion jusqu'à de la reconnaissance, personnellement, il ne se serait pas rapproché d'un pas de ce qui subsiste encore sous le nom d'Eglise ou de piété, peut-être, au contraire, s'en serait-il éloigné. L'indifférence pratique à l'égard des choses religieuses, au milieu de laquelle il naquit, où il fut élevé, se sublime généralement chez lui en circonspection et en propreté intellectuelle, lesquelles craignent le contact avec les hommes et les choses de la religion. Et ce peut être précisément chez lui la profondeur de sa tolérance et de son humanité qui lui fait éviter le subtil pis-aller que les habitudes de tolérance entraînent avec elles. — Chaque époque possède son genre particulier de naïveté divine, dont d'autres époques pourraient lui envier la découverte. Et quelle naïveté, quelle naïveté vénérable, enfantine et maladroite au delà de toutes les limites il y a dans cette prétention du savant à se croire supérieur, dans cette tolérance avec une bonne conscience, dans la certitude, simple et imperturbable, avec laquelle son instinct traite l'homme religieux, comme un type inférieur et de valeur moindre, qu'il a lui-même dépassé à tous les points de vue, — lui qui n'est qu'un petit nain prétentieux et populacier, ouvrier laborieux et appliqué, dans le domaine des « idées », des « idées modernes » !

59.

Celui qui a plongé son regard au fond de l'univers devine très bien quelle profonde sagesse il y a dans le fait que les hommes sont superficiels. C'est leur instinct de conservation qui leur enseigne à être fugaces, légers et faux. On trouve çà et là un culte, passionné et plein d'exagération, pour les « formes pures », chez les philosophes comme chez les artistes. Personne ne doutera que celui qui a ainsi besoin d'un culte de la surface, n'ait fait quelque expérience malheureuse au-dessous de la surface. Peut-être y a-t-il même une sorte de hiérarchie parmi ces enfants qui craignent le feu parce qu'ils se sont une fois brûlés, artistes nés qui ne savent jouir de la vie que lorsqu'ils en faussent l'image (ce qui est une sorte de vengeance sur la vie). On pourrait connaître le degré de dégoût que leur inspire la vie, par la mesure où ils voudraient en voir fausser l'image, voir cette image estompée, éloignée, divinisée. De la sorte, on pourrait compter les *hommes religieux* parmi les artistes, comme leur classe la plus élevée. C'est une crainte ombrageuse et profonde, la crainte d'un pessimisme incurable, qui force de longs siècles à se cramponner à une interprétation religieuse de l'existence, la crainte de cet instinct qui pressent que l'on pourrait connaître la vérité trop tôt, avant que l'homme soit devenu assez fort, assez dur, assez artiste... La piété, la « vie en Dieu » ainsi considérées apparaîtraient comme la dernière et la plus subtile création de la crainte en face de la vérité, comme une adoration et une ivresse d'artiste devant la plus radicale de toutes les falsifications, la volonté de renverser la vérité, la volonté du non-vrai à tout prix. Peut-être n'y eut-il pas jusqu'à présent de moyen plus puissant pour embellir l'homme que la piété. Par la piété, l'homme peut devenir artifice, surface, jeu des couleurs, bonté, au point que l'on ne souffre plus de son aspect.

60.

Aimer l'homme pour la grâce de Dieu, ce fut jusqu'à présent le sentiment le plus distingué et le plus lointain qui ait été réalisé parmi les hommes. L'amour des hommes sans arrière-pensée sanctificatrice est une bêtise de plus, qui tient de l'animalité. L'amour des hommes n'a reçu que grâce à un penchant supérieur toute sa mesure, sa subtilité, son grain de sel, sa parcelle d'ambre. Quel que soit l'homme qui ait eu le premier le sentiment de tout cela, qui le premier ait « vécu » tout cela, de quelque façon que sa langue ait fourché, lorsqu'elle essaya d'exprimer, pour la première fois, une pareille douceur, il n'en demeure pas moins sacré pour nous, et digne d'honneur dans tous les temps, cet homme qui a volé le plus haut jusqu'à présent et dont les errements ont revêtu le plus de beauté!

61.

Le philosophe tel que nous l'entendons, nous autres esprits libres, — comme l'homme dont la responsabilité s'étend le plus loin, dont la conscience embrasse le développement complet de l'humanité, ce philosophe se servira des religions pour son œuvre de discipline et d'éducation, de même qu'il se servira des conditions fortuites de la politique et de l'économie de son temps. L'influence sélectrice et éducatrice, c'est-à-dire tout autant celle qui détruit que celle qui crée et modèle, l'influence susceptible d'être exercée au moyen de la religion, est diverse et multiple selon l'espèce d'hommes qu'on lui confie. Pour les hommes forts et indépendants, préparés et prédestinés au commandement, où s'incarne l'esprit et l'art d'une race dominante, la religion est un moyen de plus pour surmonter les résistances et pour dominer. Elle est un lien qui unit maîtres et sujets, qui révèle et livre aux maîtres la conscience des sujets, ce que cette conscience a de plus intime et de plus caché et qui précisément voudrait se dérober à l'obéissance. Dans le cas où certaines natures d'origine noble inclineraient, par une haute spiritualité, vers une existence plus retirée, plus contemplative, et ne se réserveraient que le côté délicat du gouvernement (exercé sur des disciples choisis ou les membres d'une même communauté), la religion peut même être utilisée comme moyen de trouver le calme, loin du bruit et des vicissitudes qu'entraîne le gouvernement *plus grossier*, de se laver les mains de la malpropreté *inhérente* à toute action politique. C'est ainsi que l'entendaient, par exemple, les brahmanes. Grâce à leur organisation religieuse, ils se donnèrent le pouvoir de nommer ses rois au peuple, tandis qu'eux-mêmes se tenaient à l'écart, ayant le sentiment de la distance, et des devoirs supérieurs aux devoirs royaux. La religion sert aussi de guide à une partie des sujets, et leur donne l'occasion de se préparer à dominer et à commander un jour. Ce sont ces classes plus fortes qui se développent lentement, chez qui, grâce à des mœurs favorables, la force de volonté et le caractère s'accentuent sans cesse. La religion leur offre des séductions assez grandes pour suivre les voies de la spiritualité supérieure, pour éprouver les sentiments de la victoire sur soi-même, du silence et de la solitude. L'ascétisme et le spiritualisme sont des moyens d'éducation et d'anoblissement presque indispensables, lorsqu'une race veut se rendre maître de ses origines plébéiennes et s'élever jusqu'à la souveraineté future. Aux hommes ordinaires, enfin, au plus grand nombre, à ceux qui sont là pour servir, pour être utiles à la chose publique, et qui n'ont le droit d'exister que s'ils se soumettent à ces conditions, la religion procure un inappréciable contentement, leur fait accepter leur situation, leur donne le bonheur et la paix du cœur, anoblit leur servitude, leur fait aimer leurs semblables. C'est pour eux une sorte de transformation, d'embellissement et de justification de la vie quotidienne, de toute la bassesse, de toute la pauvreté presque bestiale de leur âme. La religion et l'importance religieuse de la vie jettent un éclat ensoleillé sur de pareils êtres, tourmentés sans cesse; elle rend supportable à leurs yeux leur propre aspect, elle agit comme une philosophie épicurienne agit généralement sur les souffrances d'une classe plus haute, fortifiant, affinant, *utilisant* même la souffrance, pour la justifier et la sanctifier. Peut-être n'y a-t-il rien d'aussi digne de respect, dans le christianisme et le bouddhisme, que l'art d'apprendre aux petits à s'élever par la piété dans l'apparence d'un ordre supérieur, à se contenter ainsi de l'ordre véritable où ils vivent, assez durement, il est vrai, mais il importe de conserver cette dureté!

62.

Enfin, — pour montrer aussi la fâcheuse contre-partie de ces religions et le danger inquiétant qu'elles font courir — cela se paye toujours terriblement cher quand on ne garde pas les religions comme moyen de discipline et d'éducation dans la main des philosophes, mais quand on les laisse agir par elles-mêmes, *souveraines*, leur laissant la latitude de s'ériger en fins dernières, au lieu de rester des moyens, à côté d'autres moyens. Chez l'homme, comme chez toutes les autres espèces animales, se trouve un excédent d'individus manqués, malades, dégénérés, infirmes, qui souffrent nécessairement. Les cas de réussite sont toujours des exceptions, même chez l'homme, et surtout des exceptions rares, si l'on considère que l'homme est un animal *dont les qualités ne sont pas encore fixées*. Mais il y a pis encore. Plus un homme représente un type d'espèce supérieure, plus ses chances de réussite deviennent minimes. Le hasard, la loi du non-sens dans l'économie humaine, apparaît le plus odieusement dans les ravages qu'il exerce sur les hommes supérieurs, dont les conditions vitales subtiles et multiples sont difficiles à évaluer. Or, quelle est l'attitude des deux religions, les plus grandes de toutes, à l'égard de ces déchets composés de cas manqués? Toutes deux cherchent à conserver, à maintenir dans la vie ce qui s'y laisse maintenir. Mieux encore, elles prennent même parti, par principe, pour les cas manqués, étant les religions de ceux qui *souffrent*, elles donnent raison à tous ceux qui pâtissent de la vie comme d'une maladie, et voudraient obtenir que tout autre sentiment de la vie fût considéré comme faux et devînt impossible. Quelle que soit l'importance accordée à ce souci de ménagement et de conservation qui s'applique et s'appliquait encore au type supérieur de l'homme, jusqu'à présent presque toujours le type le plus souffrant, tout compte fait, ces deux religions, restées *souveraines*, sont une des principales causes qui ont maintenu le type « homme » à un niveau inférieur. Elles renfermaient en germe trop de choses *qui devaient périr*. On leur doit des services inappréciables, et qui donc se sentirait animé d'une reconnaissance assez grande pour ne pas se trouver pauvre en face de ce que les « hommes spirituels » du christianisme ont fait jusqu'à présent pour l'Europe! Et pourtant, quand elles donnaient des consolations à ceux qui souffrent, du courage aux opprimés et aux désespérés, un soutien et un appui aux irrésolus, quand elles attiraient dans les cloîtres, ces maisons de correction de l'âme, les cœurs brisés et les esprits déchaînés, que leur restait-il à faire encore, pour travailler, en bonne conscience, et systématiquement, à la conservation de tout ce qui est malade et de tout ce qui souffre, c'est-à-dire, en fait et en cause, à *l'altération de la race européenne? Renverser* toutes les appréciations de valeurs, voilà ce qu'elles devaient faire! Briser les forts, affadir les grandes espérances, rendre suspect le bonheur dans la beauté, abattre tout ce qui est souverain, viril, conquérant et dominateur, écraser tous les instincts qui sont propres au type « homme » le plus élevé et le mieux réussi, pour y substituer l'incertitude, a misère de la conscience, la destruction de soi, transformer même tout l'amour des choses terrestres et de la domination sur la terre en haine contre le monde d'ici-bas, — voilà la tâche que s'est imposée l'Église et elle devait se l'imposer jusqu'à ce qu'enfin, pour elle, « ascétisme », « vie spirituelle », et « homme supérieur » se fussent fondus en un seul sentiment. En supposant que l'on considère, avec l'œil railleur et indifférent d'un dieu épicurien, la comédie singulièrement douloureuse, en même temps grossière et subtile, que joue le christianisme européen, je crois que l'on serait pris d'un étonnement et d'un rire inextinguibles. Ne semble-t-il pas qu'*une* volonté ait dominé l'Europe pendant dix-huit siècles, la volonté de faire de l'homme un *sublime avorton*? Mais, celui qui s'approcherait, avec des aspirations contraires, non plus en épicurien, mais armé d'un marteau divin, de cette dégénérescence et de cette corruption presque despotiques de l'homme, telles qu'elles nous apparaissent sous les traits de l'Européen chrétien (Pascal, par exemple), celui-là ne devrait-il pas s'écrier avec colère, pitié et épouvante : « O maladroits, présomptueux maladroits, vous qui vous apitoyez ainsi, qu'avez-vous fait? Etait-ce là une besogne pour vos mains? Comme vous avez endommagé et détérioré ma plus belle pierre ! Que vous êtes-vous permis? » — Je voulais dire que le christianisme a été jusqu'à présent la plus funeste des présomptions. Des hommes qui n'étaient pas assez hauts, pas assez durs pour oser façonner l'homme en artistes; des hommes qui n'étaient pas assez forts, pas assez prévoyants pour laisser agir, par une altière contrainte de soi, la loi primordiale de la dégénérescence et de l'anéantissement sous ses faces multiples; des hommes qui n'étaient pas assez nobles pour voir la hiérarchie, la diversité profonde, l'abîme qui séparent l'homme de l'homme; de tels hommes ont conduit jusqu'à présent les destinées de l'Europe, avec leur principe de l'« égalité devant Dieu », jusqu'à ce qu'apparût enfin une espèce amoindrie, presque ridicule, une bête de troupeau, quelque chose de bonasse, de maladif et de médiocre, l'Européen d'aujourd'hui!...

CHAPITRE QUATRIÈME

MAXIMES ET INTERMÈDES

63.

Celui qui est foncièrement un maître ne prend les choses au sérieux que par rapport à ses élèves, — voire lui-même.

64.

« La connaissance à cause d'elle-même », — voilà le dernier piège que tend la morale : c'est ainsi que l'on finit par s'y empêtrer de nouveau complètement.

65.

Le charme de la connaissance serait mince si, pour l'atteindre, il n'y avait pas tant de pudeur à vaincre.

65 *bis*.

C'est à l'égard de son Dieu qu'on a le moins de probité : on ne lui accorde pas le *droit* de pécher!

66.

La tendance à s'abaisser, à se laisser voler, tromper et exploiter, cette tendance ne serait-elle pas la pudeur d'un dieu parmi les hommes?

67.

L'amour d'un seul est une barbarie, car il s'exerce aux dépens de tous les autres. De même l'amour de Dieu.

68.

« Voilà ce que j'ai fait », dit ma mémoire. « Je n'ai pu faire cela », — dit mon orgueil, qui reste inflexible. Et finalement c'est la mémoire qui cède.

69.

On a mal regardé la vie, quand on n'a pas aussi vu la main qui tue en gardant des ménagements.

70.

Si l'on a du caractère, on a dans sa vie un événement typique qui revient toujours.

71.

Le sage et l'astronomie. — Tant que tu considères les étoiles comme quelque chose qui est « au-dessus de toi », il te manque le regard de celui qui cherche la connaissance.

72.

Ce n'est pas la force des grands sentiments qui fait les hommes supérieurs, mais leur durée.

73.

Qui atteint son idéal, par cela même le dépasse.

73 bis.

Certain paon cache sa queue devant tout le monde — et l'appelle sa fierté.

74.

L'homme de génie est insupportable quand il ne possède pas, en outre, deux qualités au moins : la reconnaissance et la propreté.

75.

Le degré et la nature de la sexualité chez l'homme pénètrent jusqu'au plus haut sommet de son esprit.

76.

En temps de paix, l'homme belliqueux s'en prend à lui-même.

77.

Avec des principes, on voudrait tyranniser ses habitudes, les justifier, les honorer, les maudire ou les cacher. Deux hommes qui ont les mêmes principes veulent atteindre probablement par là quelque chose de foncièrement différent.

78.

Qui se méprise soi-même s'honore du moins comme contempteur.

79.

Une âme qui se sait aimée et qui n'aime pas elle-même trahit son fond. La lie monte à la surface.

80.

Une chose qui s'explique cesse de nous regarder. — Que voulait dire ce dieu, qui conseillait : « Connais-toi toi-même »? Cela signifiait-il: « Cesse de t'intéresser à toi! deviens objectif! » — Et Socrate ? — Et « l'homme scientifique » ? —

81.

Ce qui est terrible, en mer, c'est de mourir de soif. Vous faut-il donc saler votre vérité, de telle sorte qu'elle n'apaise plus même la soif!

82.

« Pitié pour tous » — ce serait cruauté et tyrannie pour *toi*, monsieur mon voisin! —

83.

L'INSTINCT. — Quand la maison brûle, on oublie même le dîner. — Oui, mais on se rattrape en dînant sur les cendres.

84.

La femme apprend à haïr dans la mesure où elle désapprend de charmer.

85.

Les mêmes passions sont d'une allure différente chez l'homme et chez la femme : c'est pourquoi l'homme et la femme ne cessent de se mal comprendre.

86.

Même les femmes, au fond de leur vanité personnelle, ont toujours un mépris impersonnel — pour « la femme ». —

87.

CŒUR ENCHAÎNÉ, ESPRIT LIBRE. — Quand on enchaîne fortement son cœur qu'on le tient en laisse, on peut donner beaucoup de libertés à son esprit. Je l'ai dit une fois déjà. Mais on ne veut pas me croire, — en admettant qu'on ne le sache pas déjà...

88.

On commence à se défier des personnes très avisées, dès qu'elles ont l'air embarrassé.

89.

Les aventures terribles font croire que celui à qui elles sont arrivées est lui-même quelqu'un de terrible.

90.

Les hommes lourds et mélancoliques deviennent plus légers par ce qui rend les autres lourds, par la haine et par l'amour. Et de cette manière ils viennent parfois à leur niveau.

91.

Si froid, si glacial, qu'on s'y brûle les doigts! La main qui le saisit recule d'effroi! — Et il y en a qui prennent cela pour de la chaleur!

92.

Qui, pour sa bonne réputation, ne s'est pas déjà sacrifié lui-même?

93.

Dans la bonhomie, il n'y a pas de misanthropie; mais c'est pour cela qu'on y trouve tant de mépris des hommes.

94.

La maturité de l'homme, c'est d'avoir retrouvé le sérieux qu'on avait au jeu quand on était enfant.

95.

Avoir honte de son immoralité : c'est un degré sur l'échelle, au bout de laquelle on a honte aussi de sa moralité.

96.

Il convient de quitter la vie comme Ulysse quitta Nausicaa, — en la bénissant, plutôt qu'amoureux d'elle.

97.

Quoi? Un grand homme? Je ne vois là que le comédien de son propre idéal.

98.

Quand on veut dresser sa conscience, elle vous embrasse, tout en vous mordant.

99.

Le désillusionné parle. — « J'attendais des échos, et je n'ai rencontré que des éloges. — »

100.

Devant nous-mêmes, nous feignons tous d'être plus simples que nous ne sommes : nous nous reposons ainsi de nos semblables.

101.

Aujourd'hui il se pourrait qu'un homme qui cherche la connaissance eût le sentiment d'être un dieu transformé en animal.

102.

Découvrir que l'on est aimé en retour, cela devrait ouvrir les yeux au sujet de l'être aimé. — « Quoi? est-il assez modeste pour t'aimer, pou t'aimer toi? Ou assez sot? — Ou bien — ou bien —? »

103.

Le danger dans le bonheur. — « Maintenant tout me réussit: j'aime toute espèce de destinée: — qui a envie d'être ma destinée? »

104.

Ce n'est pas leur amour de l'humanité, c'est l'impuissance de leur amour qui empêche les chrétiens d'aujourd'hui — de nous faire monter sur le bûcher.

105.

Pour l'esprit libre, pour celui qui possède la « religion de la connaissance » — la *pia fraus* est plus contraire à son goût (à *sa* religiosité) que la *impia fraus*: De là son incompréhension de l'Eglise, cette incompréhension qui appartient au type de l' « esprit libre », — qui est l'assujettissement même du type de l' « esprit libre ».

106.

Par la musique, les passions jouissent d'elles-mêmes.

107.

Une fois qu'une décision est prise, il faut fermer les oreilles aux meilleurs arguments contraires. C'est l'indice d'un caractère fort. Par occasion il faut donc faire triompher sa volonté jusqu'à la sottise.

108.

Il n'y a pas de phénomènes moraux, il n'y a que des interprétations morales des phénomènes

109.

Le criminel n'est souvent pas à la hauteur de son acte : il le rapetisse et le calomnie.

110.

Les avocats d'un criminel sont rarement assez artistes pour utiliser, au profit du coupable, la beauté terrible de son acte.

111.

C'est quand notre orgueil vient d'être blessé qu'il est le plus difficile de blesser notre vanité.

112.

Celui qui se sent prédestiné à la contemplation, et non pas à la foi, trouve tous les croyants bruyants et importuns : il les évite.

113.

« Tu veux disposer quelqu'un en ta faveur? Aie l'air embarrassé devant lui. »

114.

L'énorme attente dans l'amour sexuel, la honte de cette attente, commence par gâter chez la femme toutes les perspectives.

115.

Quand l'amour ou la haine ne sont pas de la partie, la femme joue médiocrement.

116.

Les grandes époques de notre vie sont celles où nous avons le courage de considérer ce qui est mauvais en nous comme ce que nous avons de meilleur.

117.

La volonté de surmonter un penchant n'est, en définitive, que la volonté d'un autre ou de plusieurs autres penchants.

118.

Il y a une innocence dans l'admiration. C'est celle de l'homme qui n'envisage pas la possibilité que lui aussi pourrait être admiré un jour.

119.

Le dégoût de la malpropreté peut être si grand qu'il nous empêche de nous purifier — de nous « justifier ».

120.

La sensualité dépasse souvent la croissance de l'amour, de sorte que la racine reste faible et facile à arracher.

121.

Il y a chez Dieu une certaine délicatesse à avoir appris le grec, quand il voulut se faire écrivain, — et à ne l'avoir pas mieux appris.

122.

Se réjouir d'un éloge, ce n'est souvent qu'une politesse du cœur, — et le contraire d'une vanité de l'esprit.

123.

Le concubinat, lui aussi, a été corrompu — par le mariage.

124.

Celui qui se réjouit encore sur le bûcher ne triomphe pas de la douleur, mais de ce qu'il ne sent pas la douleur où il l'attendait. Un symbole.

125.

Quand il nous faut changer d'opinion au sujet de quelqu'un, nous lui comptons cher l'embarras qu'il nous cause.

126.

Un peuple est le détour de la nature pour parvenir à six ou sept grands hommes. — Oui : et ensuite pour les laisser au bord du chemin.

127.

Toutes les vraies femmes éprouvent une sorte de pudeur à l'égard de la science. Elles éprouvent la même sensation que si on leur regardait sous la peau, — pis encore! sous les vêtements.

128.

Plus la vérité que tu veux enseigner est abstraite, plus il te faut y amener les sens.

129.

Le diable a les plus vastes perspectives pour Dieu, c'est pourquoi il se tient si loin de lui. —

Le diable, c'est-à-dire le plus vieil ami de la connaissance.

130.

On commence à deviner ce que vaut quelqu'un quand son talent faiblit, — quand il cesse de montrer ce qu'il *peut*. Le talent peut être un ornement, et l'ornement une cachette.

131.

Les sexes se trompent mutuellement : cela tient à ce qu'ils n'aiment et n'estiment au fond qu'eux-mêmes (ou leur propre idéal, pour m'exprimer d'une manière plus flatteuse —). Ainsi l'homme veut la femme pacifique, — mais la femme est *essentiellement* batailleuse, de même que le chat, quelle que soit son habileté à garder les apparences de la paix.

132.

C'est pour ses vertus que l'on est puni le mieux.

133.

Celui qui ne sait pas trouver le chemin qui conduit à *son* idéal vit de façon plus frivole, plus insolente, que l'être sans idéal.

134.

Ce sont les sens qui rendent les choses dignes de foi, leur donnent bonne conscience et apparence de vérité.

135.

Le pharisaïsme n'est pas provoqué par la corruption chez l'homme bon. Il est au contraire, pour une bonne part, condition nécessaire de la bonté.

136.

L'un cherche un auxiliaire pour faire naître ses pensées, l'autre cherche quelqu'un qu'il puisse aider : c'est ainsi que s'organise un bon entretien.

137.

Dans la fréquentation des savants et des artistes, on se trompe facilement en sens opposé : derrière un savant remarquable on trouve souvent un homme médiocre, et derrière un artiste médiocre, — un homme très remarquable.

138.

Nous faisons à l'état de veille ce que nous faisons en rêve : nous commençons par inventer et imaginer l'homme que nous fréquentons — et nous l'oublions aussitôt.

139.

Dans la vengeance comme dans l'amour, la femme est plus barbare que l'homme.

140.

Conseil, sous forme de devinette. — « Si le lien ne doit pas se briser il faut le marquer de tes dents. »

141.

C'est son bas-ventre qui empêche l'homme de se considérer comme un dieu.

142.

Le mot le plus pudique que j'aie jamais entendu : « *Dans le véritable amour, c'est l'âme qui enveloppe le corps.* »

143.

La chose que nous faisons le mieux, notre vanité désirerait qu'elle passât pour être la plus difficile. Ceci pour expliquer l'origine de mainte morale.

144.

Quand une femme a du goût pour les sciences, il y a généralement dans sa sexualité quelque chose qui n'est pas en règle. La stérilité dispose déjà à une certaine masculinité du goût; l'homme est, en effet, avec votre permission, « l'animal stérile ».

145.

En comparant, dans leur ensemble, l'homme et la femme, on peut dire : la femme n'aurait pas le génie de la parure, si elle ne savait pas par l'instinct qu'elle joue le *second* rôle.

146.

Celui qui lutte contre les monstres doit veiller à ne pas le devenir lui-même. Et quand ton regard pénètre longtemps au fond d'un abîme, l'abîme, lui aussi, pénètre en toi.

147.

Extrait d'une vieille nouvelle florentine — chose vécue, d'ailleurs: *buona femmina e mala femmina vuol bastone.* — Sacchetti, *Nov.* 86.

148.

Amener insidieusement son prochain à avoir bonne opinion de vous, et après coup croire fermement que c'est là l'opinion du prochain : qui donc, dans ce tour de force, saurait imiter les femmes ?

149.

Ce qu'une époque considère comme mauvais, c'est généralement un résidu inactuel de ce qui jadis fut trouvé bon, — l'atavisme d'un idéal vieilli.

150.

Autour d'un héros, tout devient tragédie ; — autour d'un demi-dieu, tout devient satyre ; — autour de Dieu, tout devient — quoi donc? peut-être « univers » ? —

151.

Avoir du talent ne suffit pas : il faut aussi avoir votre permission d'en avoir, — eh quoi ! mes amis ?

152.

« Là où se trouve l'arbre de la connaissance se trouve aussi le paradis. » Ainsi parlent les plus vieux et les plus jeunes serpents.

153.

Ce qui se fait par amour se fait toujours par delà le bien et le mal.

154.

L'objection, l'écart, la méfiance sereine, l'ironie sont des signes de santé. Tout ce qui est absolu est du domaine de la pathologie.

155.

Le sens du tragique augmente et diminue avec la sensualité.

156.

La démence, chez l'individu, est quelque chose de rare, — chez les groupes, les partis, les peuples, les époques, c'est la règle.

157.

La pensée du suicide est une puissante consolation. Elle aide à bien passer plus d'une mauvaise nuit.

158.

Ce n'est pas seulement notre raison, mais encore notre conscience, qui se soumettent à notre penchant le plus fort, à celui qui est le tyran en nous.

159.

Il *faut* rendre le bien et le mal. Mais pourquoi serait-ce justement à la personne qui nous a fait le bien ou le mal?

160.

On n'aime plus assez sa connaissance aussitôt qu'on la communique aux autres.

161.

Les poètes manquent de pudeur à l'égard de leurs aventures : ils les exploitent.

162.

« Notre prochain n'est pas notre voisin, mais le voisin de celui-ci », — ainsi pensent tous les peuples.

163.

L'amour amène à la lumière les qualités sublimes et secrètes de celui qui aime, — ce qu'il possède de rare, d'exceptionnel. C'est pourquoi l'amant trompe facilement sur ce qui est la règle chez lui.

164.

Jésus dit à ses juifs : « La loi a été faite pour les esclaves, — aimez Dieu, comme je l'aime, comme son fils ! Que nous importe la morale, à nous autres fils de Dieu ! »

165.

EN VUE DE TOUS LES PARTIS. — Un berger a toujours besoin d'un mouton conducteur, autrement il lui faut être à l'occasion mouton lui-même.

166.

On ment bien de la bouche : mais avec la gueule qu'on fait en même temps, on dit la vérité quand même.

167.

Chez les hommes durs, l'intimité est affaire de pudeur — et c'est quelque chose de précieux.

168.

Le christianisme a donné du poison à boire à Eros : — il n'est pas mort, mais il a dégénéré en vice.

169.

Parler beaucoup de soi peut être un moyen comme un autre pour se cacher.

170.

Dans l'éloge il y a plus d'importunité que dans le blâme.

171.

La pitié fait presque un effet risible chez l'homme qui cherche la connaissance, de même que les mains fines chez le cyclope.

172.

Par amour pour les hommes, on embrasse quelquefois un être quelconque (parce qu'on ne peut les embrasser tous) : mais c'est précisément ce qu'il ne faut pas révéler à cet être quelconque....

173.

On ne hait pas tant qu'on méprise. On ne hait que son égal ou son supérieur.

174.

O utilitaires, vous aussi, vous n'aimez l'*utile* que comme *véhicule* de vos penchants, — vous aussi, vous trouvez le bruit que font les roues de ce véhicule insupportable ?

175.

On n'aime, en définitive, que ses penchants, et non pas ce vers quoi l'on penche.

176.

La vanité d'autrui ne va contre notre goût que quand elle va contre notre vanité.

177.

Au sujet de la « véracité », personne n'a peut-être encore été assez véridique.

178.

On ne croit pas aux folies des gens sensés. Quelle perte pour les droits de l'homme !

179.

Les conséquences de nos actions nous saisissent aux cheveux. Il leur est indifférent que, dans l'intervalle, nous soyons devenus « meilleurs ».

180.

Il y a une innocence dans le mensonge qui est signe de bonne foi.

181.

Il est inhumain de bénir lorsque l'on vous maudit.

182.

Les familiarités d'un homme supérieur irritent, parce qu'on ne peut pas y répondre par d'autres familiarités. —

183.

« J'ai été bouleversé, non de ce que tu m'aies menti, mais de ce que je ne puisse plus te croire. » —

184.

Il y a une exubérance dans la bonté qui semble être de la méchanceté.

185.

« Il me déplaît. » — Pourquoi ? — « Je ne suis pas à sa hauteur. » — Un homme a-t-il jamais répondu de la sorte ?

CHAPITRE CINQUIÈME

HISTOIRE NATURELLE DE LA MORALE

186.

Le sentiment moral est maintenant, en Europe, aussi subtil, aussi tardif, aussi multiple, aussi raffiné et délicat que la « science de la morale » qui s'y rattache est jeune, novice, lourde et grossière. Contraste attrayant qui parfois prend corps et devient visible dans la personne même du moraliste. Le terme « science de la morale », par rapport à ce qu'il exprime, est déjà trop prétentieux et trop contraire au *bon* goût, lequel est généralement un avant-goût de paroles plus modestes. On devrait rigoureusement s'avouer ce qui, pour longtemps encore, est nécessaire ici, ce qui, provisoirement, a seul droit de cité, à savoir : la réunion des matériaux, la reconnaissance et l'aménagement d'un domaine énorme de délicats sentiments de valeurs et de différenciations de valeurs qui vivent, croissent, engendrent et périssent, et peut-être aussi les tentatives pour rendre intelligibles les phases fréquentes et le retour périodique de cette vivante cristallisation — tout cela comme préparation à une doctrine des types de la morale. Sans doute, jusqu'à présent on a été moins modeste. Les philosophes, tant qu'ils sont, avec un sérieux et une raideur qui prêtaient à rire, exigeaient d'eux-mêmes quelque chose de bien plus haut, de plus prétentieux, de plus solennel, aussitôt qu'ils voulaient s'occuper de morale en tant que science. Ils prétendaient trouver les *fondements* de la morale ; et tous les philosophes se sont imaginé jusqu'à présent qu'ils avaient fondé la morale. Mais la morale, par elle-même, était considérée comme « donnée ». Comme cette tâche de description, d'apparence fruste, abandonnée dans la poussière et l'oubli, se trouvait loin de leur lourd orgueil, bien qu'il y faille, en vérité, les mains les plus délicates et les sens les plus subtils. C'est précisément parce que les moralistes ne connaissaient les faits moraux que grossièrement, par des extraits arbitraires ou des abréviations accidentelles, comme moralité de leur entourage, de leur condition, de leur église, de l'esprit de leur époque, de leur climat ou de leur région, — parce qu'ils étaient mal renseignés sur les peuples, les époques, les traditions et qu'ils ne se souciaient pas de s'en enquérir, que les véritables problèmes de la morale ne se posèrent pas du tout devant eux, car ces problèmes n'apparaissent que quand on compare plusieurs morales. Si étonnant que cela puisse sembler, dans la « science de la morale » tout entière *a manqué* jusqu'à présent le problème de la morale elle-même, le soupçon qu'il pût y avoir là quelque chose de problématique. Ce que les philosophes appelaient « fondement de la morale » et ce qu'ils exigeaient d'eux-mêmes n'apparaissait, sous son jour véritable, que comme une forme savante de la bonne foi en la morale dominante, un nouveau moyen d'exprimer cette morale, par conséquent un état de faits dans les limites d'une moralité déterminée, ou même, en dernière instance, une sorte de négation que cette morale pût être envisagée comme problème. De toute façon, c'était le contraire d'un examen, d'une analyse, d'une contestation, d'une vivisection de cette croyance même! Qu'on écoute, par exemple, avec quelle innocence presque vénérable Schopenhauer présente encore sa propre tâche, et qu'on tire les conclusions au sujet du caractère scientifique d'une « science » dont les derniers maîtres parlent comme les enfants et les vieilles femmes. « Ce principe, dit Schopenhauer (*le Fondement de la Morale*, chap. II, § 6), cette proposition première sur la teneur de laquelle, *au fond*, tous les moralistes sont d'accord : *neminem lœde, immo omnes, quantum potes, juva*, — voilà, *en réalité*, le principe que tous les théoriciens des mœurs travaillent à fonder... le fondement *vrai* de l'éthique, cette pierre philosophale qu'on cherche depuis des milliers d'années (1). » — La difficulté de démontrer la proposition citée peut être grande sans doute, et il est notoire que Schopenhauer n'y a pas réussi. Mais celui qui a profondément senti combien cette

---

(1) Schopenhauer, *le Fondement de la morale*, trad. A. Burdeau, p. 35. — N. d. T.

proposition est fausse, insipide et sentimentale, dans un univers dont l'essence même est la volonté de puissance, devra se souvenir que Schopenhauer, bien qu'il fût pessimiste, s'est amusé à jouer de la flûte... tous les jours, après le repas : qu'on lise là-dessus son biographe. Et je me demande, en passant, si un pessimiste, un négateur de Dieu et de l'univers qui *s'arrête* devant la morale, — qui affirme la morale et joue de la flûte pour accompagner cette morale du *neminem læde,* a le droit de se dire véritablement pessimiste ?

187.

Abstraction faite de la valeur des affirmations telles que : « il y a en nous un impératif catégorique », on a toujours le droit de demander : Que nous révèle une pareille affirmation au sujet de celui qui l'affirme ? Il y a des morales qui doivent justifier leur promoteur aux yeux de leur prochain. Il y a d'autres morales qui doivent le tranquilliser et le mettre en paix avec lui-même. D'autres le poussent à se crucifier et à s'humilier, avec d'autres encore il veut exercer une vengeance, ou peut-être se cacher, se transfigurer dans l'au-delà et le lointain. Telle morale aide son auteur à oublier, telle autre à se faire oublier lui-même ou quelque chose qui le concerne. Certain moraliste aimerait exercer sur l'humanité sa puissance et sa fantaisie créatrices, cet autre, et ce serait peut-être justement

Kant, donnerait à entendre, par sa morale : « Ce qui est respectable en moi, c'est que je puis obéir — et, chez vous autres, il ne doit pas en être autrement que chez moi ! » — Aussi les morales ne sont-elles qu'un *langage figuré des passions*.

188.

Toute morale est, par opposition au *laisser-aller* une sorte de tyrannie contre la « nature », et aussi contre la « raison ». Mais ceci n'est pas une objection contre elle, à moins que l'on ne veuille décréter, de par une autre morale, quelle qu'elle soit, que toute espèce de tyrannie et de déraison sont interdites. Ce qu'il y a d'essentiel et d'inappréciable dans toute morale, c'est qu'elle est une contrainte prolongée. Pour comprendre le stoïcisme, ou Port-Royal, ou le puritanisme, il faut se souvenir de la contrainte que l'on dut imposer à tout langage humain pour le faire parvenir à la force et à la liberté, — contrainte métrique, tyrannie de la rime et du rythme. Quelle peine les poètes et les orateurs de chaque peuple se sont-ils donnée! Et je ne veux pas excepter quelques prosateurs d'aujourd'hui qui trouvent dans leur oreille une conscience implacable — « pour une absurdité », comme disent les maladroits utilitaires qui par là se croient avisés, — « par soumission à des lois arbitraires », comme disent les anarchistes, qui se prétendent ainsi libres, et mêmes libres-penseurs.

C'est, au contraire, un fait singulier que tout ce qu'il y a et tout ce qu'il y a eu sur terre de liberté, de finesse, de bravoure, de légèreté, de sûreté magistrale, que ce soit dans la pensée même, dans l'art de gouverner, de parler et de persuader, dans les beaux-arts comme dans les mœurs, n'a pu se développer que grâce à « la tyrannie de ces lois arbitraires »; et, soit dit avec le plus profond sérieux, il est très probable que c'est précisément cela qui est la « nature » et l'ordre « naturel » des choses— et que ce n'est *nullement* ce *laisser-aller!* Tout artiste sait combien son état « naturel » se trouve loin d'un sentiment qui ressemble au laisser-aller, qu'il y a, au contraire, chez lui, au moment de l'inspiration, un désir d'ordonner, de classer, de disposer, de former librement, — et combien alors il obéit d'une façon sévère et subtile à des lois multiples qui se refusent à toute réduction en formules, précisément à cause de leur précision et de leur dureté (car, à côté de celles-ci, les notions les plus fixes ont quelque chose de flottant, de multiple, d'équivoque—). Il apparaît clairement, pour le dire encore une fois, que la chose principale, « au ciel et sur la terre », c'est d'*obéir* longtemps, et dans une même direction. A la longue, il en résultait, et il en résulte encore quelque chose pour quoi il vaut la peine de vivre sur la terre, par exemple, la vertu, l'art, la musique, la danse, la raison, l'esprit — quelque chose qui transfigure, quelque chose de raffiné, de fou et de divin. La longue servitude de l'esprit, la défiante contrainte dans la communicabilité des pensées, la discipline que s'imposait le penseur de méditer selon une règle d'église et de cour, ou selon des hypothèses aristotéliciennes, la persistante volonté intellectuelle d'expliquer tout ce qui arrive conformément à un schéma chrétien, de découvrir et de justifier le Dieu chrétien en toute occurrence, — tous ces procédés violents, arbitraires, durs, terribles et contraires à la raison, se sont révélés comme des moyens d'éducation par quoi l'esprit européen est parvenu à sa vigueur, à sa curiosité impitoyable, à sa mobilité subtile. Il faut accorder qu'en même temps une bonne part de force et d'esprit, comprimée, étouffée et gâtée, a été perdue sans rémission (car, ici comme partout, la nature se montre telle qu'elle est, dans toute sa grandiose et *indifférente* prodigalité — qui révolte, mais qui est noble). Durant des milliers d'années, les penseurs européens n'ont pensé que pour démontrer quelque chose — aujourd'hui, par contre, tout penseur qui veut « démontrer » quelque chose nous est suspect. — Ils ont toujours été fixés d'avance au sujet du résultat *nécessaire* de leurs méditations les plus sévères, comme ce fut jadis le cas de l'astrologie asiatique, ou bien, comme il en est encore aujourd'hui de l'innocente interprétation que donnent les chrétiens et les moralistes aux événements les plus prochains et les plus personnels ⁂ à la gloire de Dieu », et « pour le salut de l'âme ». Cette tyrannie, cet arbitraire, cette sévère et grandiose sottise ont *éduqué* l'esprit. Il apparaît que l'esclavage est, soit au sens grossier, soit au sens plus subtil, le moyen indispensable de discipline et d'éducation intellectuelles. Considérez toute morale sous cet aspect. C'est la « nature » dans la morale qui enseigne à détester le *laisser-aller*, la trop grande liberté et qui implante le besoin d'horizons bornés et de tâches qui sont à la portée, qui enseigne le *rétrécissement des perspectives*, donc, en un certain sens, la bêtise comme condition de vie et de croissance. « Tu dois obéir à n'importe qui, et tu dois obéir longtemps, autrement tu iras à ta ruine, et tu perdras le dernier respect de toi-même. » Voilà qui me paraît être l'impératif moral de la nature, qui n'est ni « catégorique », contrairement aux exigences du vieux Kant (de là cet « autrement »—) ni ne s'adresse à l'individu (qu'importe l'individu à la nature —) mais à des peuples, des races, des époques, des castes — avant tout, à l'animal « homme » tout entier, à l'espèce homme.

189.

Les races laborieuses ont grand'peine à supporter l'oisiveté. Ce fut un coup de maître de l'instinct *anglais* de sanctifier le dimanche dans les masses et de le rendre ennuyeux pour elles, à tel point que l'Anglais aspire inconsciemment à son travail de la semaine. Le dimanche devient pour celui-ci une sorte de *jeûne* sagement inventé et intercalé, tel qu'on le rencontre souvent dans le monde antique (bien que ce ne soit pas toujours en vue du travail, comme il convient chez les peuples du Midi —). Il faut qu'il y ait des jeûnes de diverses sortes ; et partout où dominent des habitudes et des instincts puissants, les législateurs ont à se soucier d'introduire des jours intercalaires, durant lesquels un de ces penchants est chargé de chaînes pour apprendre de nouveau à avoir faim. Considérées à un point de vue supérieur des races et des époques tout entières apparaissent, dès qu'elles se présentent avec quelque fanatisme moral, comme l'équivalent de ces périodes intercalées de jeûne et de contrainte, durant lesquelles un instinct apprend à se plier et à se soumettre, mais aussi à se *purifier* et à *s'affiner*. Certaines sectes philosophiques (par exemple le stoïcisme au milieu de la culture gréco-romaine, avec son atmosphère ardente et surchargée de parfums aphrodisiaques) permettent, elles aussi, une pareille interprétation. — Ainsi s'explique en quelque sorte ce paradoxe que, dans la période la plus chrétienne de l'Europe, et en général sous la pression des évaluations chrétiennes seulement, l'instinct sexuel s'est sublimé jusqu'à l'amour (*amour-passion*).

190.

Il y a quelque chose dans la morale de Platon qui n'appartient pas véritablement à Platon, mais qui se trouve dans sa philosophie, on pourrait dire, malgré Platon. Je veux parler du socratisme, pour lequel il possédait en somme trop de distinction. « Personne ne veut se nuire à soi-même, c'est pourquoi tout le mal se fait involontairement. Car le méchant se nuit à lui-même. Il ne le ferait pas s'il savait que le mal est mauvais. En conséquence, le méchant n'est méchant que par erreur. Qu'on lui enlève son erreur et il deviendra nécessairement —bon. » — Cette façon de conclure sent son *populaire*, car le peuple ne voit dans les mauvais procédés que les conséquences nuisibles, et juge, en fait : « il est *sot* d'agir mal »; tandis qu'il considère simplement « bon » comme identique à « utile » et à « agréable ». Pour tout ce qui est utilitarisme dans la morale, on peut de prime-abord conclure à cette même origine, et suivre son flair : on se trompera rarement. — Platon a fait tout ce qu'il a pu pour introduire une interprétation subtile et distinguée dans la doctrine de son maître, avant tout, pour s'y introduire lui-même, — lui, le plus audacieux de tous les interprètes qui ramassa tout Socrate dans la rue, comme le thème d'une chanson populaire, pour le varier jusqu'à l'infini et à l'impossible : c'est-à-dire qu'il y mit ses propres masques et ses faces multiples. Pour plaisanter, en paraphrasant Homère, qu'est donc le Socrate platonicien, sinon :

πρόσθε Πλάτ ων ὄπιθέν τε Πλάτων μέσση τε Χίμαιρα.

191.

Le vieux problème théologique de la « foi » et de la « science » — ou, plus clairement, de l'instinct et de la raison — la question de savoir si, dans l'évaluation des choses, l'instinct mérite plus d'autorité que la raison qui fait apprécier et agir selon des motifs, selon un « pourquoi », donc conformément à un but et à une fin utilitaire, — c'est toujours ce même problème moral, tel qu'il s'est présenté d'abord dans la personne de Socrate et tel que, bien avant le christianisme, il avait déjà divisé les esprits. Il est vrai que Socrate lui-même, avec le goût de son talent — celui d'un dialecticien supérieur — s'était d'abord mis du côté de la raison; et en vérité, qu'a-t-il fait toute sa vie, sinon rire de l'incapacité maladroite de ces aristocrates athéniens, hommes d'instinct comme tous les aristocrates, et impuissants à donner les raisons de leur conduite? Mais, en fin de compte, à part lui, il riait aussi de lui-même : il trouvait dans son particulier, en sondant sa conscience, la même difficulté et la même incapacité. Pourquoi (s'insinuait-il à lui-même) se détacher des instincts à cause de *cela* ? On doit aider les instincts et *aussi* la raison, — on doit suivre les instincts, mais persuader à la raison de les appuyer de bons arguments. Ce fut là la vraie *fausseté* de ce grand ironiste riche en mystère. Il amena sa conscience à se contenter d'une façon de duperie volontaire. Au fond, il avait pénétré ce qu'il y a d'irrationnel dans les jugements moraux. — Platon, plus innocent en pareille matière et dépourvu de la rouerie du plébéien, voulait se persuader à toute force — la plus grande force qu'un philosophe eût déployée jusque-là ! — que raison et instinct tendaient spontanément au même but, au bien et à Dieu. Et, depuis Platon, tous les théologiens et tous les philosophes suivent la même voie, — c'est-à-dire qu'en morale l'instinct, ou, comme disent les chrétiens, « la foi », ou, comme je dis, moi, « le troupeau », a triomphé jusqu'à présent. Il faudrait en excepter Descartes, père du rationalisme (et, par conséquent, grand-père de la Révolution), qui ne reconnaissait d'autorité qu'à la raison : mais la raison n'est qu'un instrument, et Descartes était superficiel.

192.

Celui qui poursuit l'histoire d'une science particulière trouve, dans le développement de cette science, un fil conducteur qui lui fait comprendre les procédés les plus anciens et les plus communs de toute « connaissance ». Ici, comme là-bas, les hypothèses prématurées, les fantaisies, la « bonne foi », le manque de méfiance et de patience se développent tout d'abord — nos sens apprennent très tard, et n'apprennent jamais entièrement, à être des organes de la connaissance, subtils, fidèles et circonspects. Nos yeux, sur une indication donnée, trouvent plus facile d'évoquer une image souvent évoquée déjà, que de concevoir en soi la divergeance et la nouveauté d'une impression : il faut pour cela plus de force, plus de « moralité ». Entendre quelque chose de nouveau est pénible et difficile à l'oreille ; nous saisissons mal la musique étrangère. Nous avons une tendance involontaire, quand on nous parle une langue étrangère, à mettre dans les mots entendus, des sons familiers et intimes à nos oreilles. C'est ainsi, par exemple, que l'Allemand a fait jadis du mot *arcubalista* qu'il avait entendu, le mot *Armbrust* (arbalète). Nos sens mêmes résistent et sont hostiles à ce qui est nouveau ; en général, dans les processus les plus *simples* de la sensibilité, *dominent* déjà les passions, telles que la crainte, l'amour, la haine, y compris cette passion passive, la paresse. — Un lecteur d'aujourd'hui ne lit pas tous les mots (ou toutes les syllabes) d'une page, — sur vingt mots il en prend tout au plus cinq, au hasard, et par ces cinq mots il devine le sens supposé. De même nous ne voyons pas un arbre d'une façon exacte et dans son ensemble, en détaillant ses feuilles, ses branches, sa couleur et sa forme ; il nous est beaucoup plus facile d'imaginer un à peu près d'arbre. Au milieu des événements les plus extraordinaires, nous agissons encore de même : nous inventons la plus grande partie de l'aventure, et il n'est guère possible de nous contraindre à assister à un événement quelconque, sans y être « inventeurs ». Tout cela veut dire que nous sommes foncièrement et dès l'origine — *habitués au mensonge.* Ou, pour m'exprimer d'une façon plus vertueuse et plus hypocrite, je veux dire d'une façon plus agréable : on est bien plus artiste qu'on ne le pense. — Dans une conversation animée, je vois souvent la figure de la personne à qui je parle se dresser devant moi avec tant de netteté et de finesse, suivant la pensée qu'elle exprime ou que je crois évoquée en elle, que ce degré d'intensité dépasse de beaucoup la *force* de ma faculté visuelle. La finesse du jeu musculaire, de l'expression de l'œil *doit* donc être un produit de mon imagination. Il est probable que la personne faisait une toute autre figure, ou bien qu'elle n'en faisait pas du tout.

193.

Quidquid luce fuit, tenebris agit : mais aussi inversement. Ce que nous éprouvons en rêve, en supposant que nous l'éprouvions souvent, appartient, en fin de compte, aussi bien au cours général de notre âme que si c'était quelque chose de « réellement » vécu. Grâce à notre rêve, nous sommes plus riches ou plus pauvres, nous possédons un besoin de plus ou de moins, et, finalement, en plein jour, et même dans les moments les plus lucides de notre esprit, à l'état de veille, nous sommes un peu gouvernés par les habitudes de nos rêves. Supposé que quelqu'un ait souvent volé dans ses rêves, que, dès qu'il rêve, il ait conscience de sa capacité de voler comme d'un privilège et aussi comme d'un bonheur personnel très enviable : il croira pouvoir réaliser, par la plus légère impulsion, toute sorte de courbes et de détours, il connaîtra la sensation d'une certaine légèreté divine, d'un « en haut » sans contrainte ni tension, d'un « en bas » sans relâchement ni abaissement — sans *lourdeur !* — Comment l'homme d'une pareille expérience, d'une telle habitude dans le rêve, ne finirait-il pas par trouver le mot « bonheur » autrement coloré et précisé lorsqu'il s'en servira à l'état de veille ! Comment n'aspirerait-il pas *autrement* au bonheur ? « L'essor », comme le décrivent les poètes, comparé à ce « vol », sera pour lui, devra être, pour lui, trop terrestre, trop musculaire, trop violent, trop « lourd ».

194.

La diversité des hommes ne se révèle pas seulement dans la diversité des catégories des biens établies par eux, c'est-à-dire dans ce fait qu'ils considèrent des « biens » différents comme désirables, qu'ils sont en désaccord sur le degré de valeur, sur la hiérarchie des biens communément reconnus, elle se révèle davantage encore dans ce que les hommes considèrent réellement comme la *propriété* et la *possession* d'un bien. En ce qui concerne la femme, par exemple, un homme modeste se satisfera de la possession de son corps et de la jouissance sexuelle, signes suffisants qu'il la possède en propre. Un autre, dans son désir plus méfiant et plus exigeant, voit ce qu'une telle propriété a d'incertain et d'illusoire et exige des preuves plus subtiles ; il veut, avant tout, savoir, non seulement si la femme se donne à lui, mais aussi si elle renonce, en sa faveur, à ce qu'elle a ou à ce qu'elle aimerait avoir ; c'est *de cette façon*, seulement, qu'elle lui semble « possédée ». Mais alors un troisième ne sera pas encore au bout de sa défiance et de son goût accapareur; il se demandera si la femme, lorsqu'elle renonce à tout en sa faveur, ne le fait pas pour un fantôme de lui-même. Il veut avant tout être connu à fond, et, pour être aimé, il ose se laisser deviner. Il ne sent l'aimée en sa complète possession que quand elle ne se méprend plus sur son compte, quand elle l'aime tout autant pour son satanisme, son avidité insatiable et cachée, que pour sa bonté, sa patience et son esprit. Celui-là voudrait posséder un peuple, et tous les tours d'adresse d'un Cagliostro et d'un Catilina lui conviendront à cette fin. Un autre, avec une soif de possession plus distinguée se dira : « Il ne faut pas tromper quand on veut posséder. » Il sera irrité et impatient à l'idée que c'est son masque qui commande au cœur du peuple : « Donc, il faut que je me fasse connaître, et, tout d'abord, il faut me connaître moi-même? » Chez les hommes serviables et bienfaisants, on rencontre régulièrement cette ruse grossière qui commence par se créer une image erronée de celui à qui ils doivent venir en aide. Ils veulent, par exemple, qu'il « mérite » d'être secouru, qu'il ait besoin précisément de *leur* aide, et qu'il leur en doive être profondément reconnaissant, attaché et soumis. Avec ces idées fausses, ils disposent de l'indigent comme d'une propriété, car c'est leur désir même de propriété qui les rend serviables et bienfaisants. On les trouve jaloux quand on se rencontre avec eux ou qu'on les précède dans un secours à donner. Les parents, involontairement, font de l'enfant quelque chose de semblable à eux-mêmes. Ils appellent cela « éducation ». Aucune mère ne doute, dans le fond de son cœur, que l'enfant qu'elle a est sa propriété ; aucun père ne se refuse le droit de soumettre son enfant à *ses* propres conceptions et à ses appréciations. Autrefois, à l'exemple des anciens Germains, les pères ne craignaient même pas de disposer, à leur fantaisie, de la vie et de la mort des nouveau-nés. Et comme le père — le maître, la classe, le prêtre, le souverain, voient dans tout homme nouveau une occasion incontestée de possession nouvelle. D'où il suit...

195.

Les juifs, — peuple « né pour l'esclavage », comme l'affirmait Tacite, avec tout le monde antique, « peuple choisi parmi les peuples », comme ils l'affirment et le croient eux-mêmes, — les juifs ont réalisé cette merveille du renversement des valeurs, grâce à laquelle la vie sur terre, pour quelques milliers d'années, a pris un attrait nouveau et dangereux. Leurs prophètes ont fait un alliage avec les termes « riche », « impie », « méchant », « violent », « sensuel », pour frapper pour la première fois le mot « monde » à l'effigie de la honte. C'est dans ce renversement des valeurs (dont fait partie l'idée d'employer le mot « pauvre » comme synonyme de « saint » et d'« ami ») que réside l'importance du peuple juif : avec lui commence *l'insurrection des esclaves dans la morale*.

196.

Il faut *conclure* à l'existence d'innombrables corps obscurs à côté du soleil, — des corps que nous ne verrons jamais. Entre nous soit dit, c'est là un symbole ; et un psychologue moraliste ne lira l'écriture des étoiles que comme un langage de symboles et de signes qui permet de taire bien des choses.

197.

On se méprend profondément sur la bête de proie et sur l'homme de proie (par exemple sur César Borgia), et aussi sur la « nature », tant qu'on cherche une disposition maladive ou même un « enfer » inné au fond de toutes ces manifestations monstrueuses et tropicales, les plus saines qui soient. C'est ce qu'ont fait jusqu'à présent tous les moralistes. Les moralistes seraient-ils animés de haine à l'égard de la forêt vierge et des tropiques? L' « homme des tropiques » doit-il à tout prix être discrédité, comme s'il était une manifestation de l'homme malade et en décadence ou comme s'il était son propre enfer et sa propre torture? Pourquoi donc? Serait-ce au profit des « zones tempérées » ? Au profit des hommes modérés, des « moralisateurs », des médiocres? — Ceci pour servir au chapitre de « la morale comme forme de la timidité ».

198.

Toutes ces morales qui s'adressent aux individus pour faire leur « bonheur », comme on a l'habitude de dire, — que sont-elles d'autre, sinon des conseils de conduite, par rapport au degré *de péril* où l'individu vit avec lui-même; des remèdes contre les passions de l'individu, contre ses bons et ses mauvais penchants, en tant que ces mauvais penchants possèdent la volonté de puissance et voudraient jouer au maître; de petites et de grosses ruses ou des artifices qui gardent le relent des remèdes de bonne femme; remèdes baroques et déraisonnables dans la forme, puisqu'ils s'adressent à tous, puisqu'ils généralisent là où il n'est pas permis de généraliser; tous parlant d'une façon absolue, se prenant au sens absolu; tous assaisonnés non seulement d'un grain de sel, mais rendus supportables seulement et quelquefois même séduisants lorsqu'ils sont trop épicés et qu'ils prennent une odeur dangereuse, une odeur de l'« autre monde » surtout. Tout cela, au point de vue intellectuel, ne vaut pas grand'chose; et c'est bien loin d'être de la « science », encore moins de la « sagesse ». Mais, pour le répéter encore et le répéter toujours, c'est de la sagacité, de la sagacité et encore de la sagacité, mêlée de bêtise, de bêtise et encore de bêtise, — qu'il s'agisse de cette indifférence, de cette froideur de marbre opposées à l'impétuosité folle des penchants que les stoïciens conseillaient et inoculaient comme remède; ou bien de cet état sans rire ni larmes de Spinosa, de la destruction des passions par l'analyse et la vivisection que celui-ci préconisait si naïvement; ou aussi de l'abaissement des passions à un niveau inoffensif où elles pourront être satisfaites, de l'aristotélisme dans la morale; ou bien encore de la morale comme jouissance des passions volontairement spiritualisées et atténuées par le symbolisme de l'art, sous forme de musique par exemple, ou d'amour de Dieu et d'amour des hommes pour l'amour de Dieu, — car dans la religion les passions ont de nouveau droit de cité, à condition que.... Enfin, qu'il s'agisse même de cet abandon volontaire aux passions, comme l'ont enseigné Hafiz et Gœthe, qui courageusement voulurent que l'on laissât aller la bride; de cette *licentia morum*, spirituelle et corporelle, recommandée dans les cas exceptionnels de ces vieux originaux pleins de sagesse et d'ivresse, chez qui « les dangers ne sont plus guère à craindre ». Ce sera encore pour servir au chapitre de « la morale comme une forme de la timidité ».

199.

Depuis qu'il y a eu des hommes, il y a aussi eu des troupeaux d'hommes (associations de familles, de communautés, de tribus, de peuples, d'États, d'églises) et toujours beaucoup d'obéissants en comparaison du petit nombre de ceux qui commandaient. En considérant donc que l'obéissance a été jusqu'à présent le mieux et le plus longtemps exercée et enseignée parmi les hommes, on peut aisément supposer que, d'une façon générale, chacun possède maintenant le besoin inné, comme une sorte de *conscience formelle*, laquelle ordonne : « Tu dois absolument faire telle chose, tu dois absolument ne pas faire telle autre chose », bref : « Tu dois »... L'homme cherche à satisfaire ce besoin et à lui donner une matière. Selon la force, l'impatience, l'énergie de ce besoin, il accaparera sans choix, avec un appétit grossier, et acceptera tout ce que lui soufflent à l'oreille ceux qui le commandent, que ce soient ses parents, ou des maîtres, des lois, des préjugés de classe ou des opinions publiques. L'étrange pauvreté du développement humain, ce qu'il a d'indécis, de lent, de rétrograde et de circulaire, tient à ce fait que l'instinct de troupeau de l'obéissance s'est transmis, aux dépens de l'art de commander. Qu'on suppose cet instinct se portant aux derniers excès; les chefs et les indépendants finiront par manquer ou bien leur mauvaise conscience les fera souffrir et ils auront besoin de se forger à eux-mêmes un mensonge, pour pouvoir commander : comme si, eux aussi, ne faisaient qu'obéir. Cet état de choses règne, en effet, dans l'Europe d'aujourd'hui. Je l'appelle l'hypocrisie morale des gouvernants. Ceux-ci ne savent pas se protéger contre leur mauvaise conscience autrement qu'en se donnant comme exécuteurs d'ordres émanant d'autorités plus anciennes ou plus hautes (celles des ancêtres, de la Constitution, du droit, des lois ou même de Dieu), ou bien ils se réclament eux-mêmes des opinions et des maximes du troupeau : par exemple, comme « premiers serviteurs du peuple », ou comme « instruments du bien public ». D'autre part, l'homme de troupeau se donne aujourd'hui en Europe l'air d'être la seule espèce d'homme autorisée : il glorifie les qualités qui le rendent doux, traitable et utile au troupeau, comme les seules vertus réellement humaines : telles que la sociabilité, la bienveillance, les égards, l'application, la modération, la modestie, l'indulgence, la pitié. Mais, dans les cas où l'on ne croit pas pouvoir se passer des chefs, des moutons conducteurs, on fait aujourd'hui essais sur essais pour remplacer les maîtres par la juxtaposition de plusieurs hommes de troupeau intelligents, c'est, par exemple, l'origine de toutes les constitutions représentatives. Quel bien-être, quelle délivrance d'un joug, insupportable malgré tout, devient, pour ces Européens, bêtes de troupeau, la venue d'un maître absolu. L'effet que fit l'apparition de Napoléon en est le dernier grand témoignage. — L'histoire de l'influence exercée par Napoléon constitue presque l'histoire du bonheur supérieur, réalisé par ce siècle tout entier, dans ses hommes et dans ses moments les plus précieux.

200.

L'homme d'une période de dissolution, chez qui se mêle le sang de plusieurs races, porte en lui des hérédités multiples, c'est-à-dire des instincts, des évaluations contraires et souvent même contradictoires, qui luttent entre eux sans trêve, — cet homme qui représente généralement les cultures tardives et les lumières brisées sera un homme faible. Son aspiration la plus profonde sera de voir cesser la guerre qui est *en lui*; le bonheur lui semble identique à un régime calmant et méditatif (par exemple l'esprit épicurien ou chrétien). Ce serait surtout pour lui le bonheur de pouvoir se reposer, de n'être pas dérangé, le bonheur de la satiété, de l'unité finale, sous forme de « sabbat des sabbats », comme dit le rhéteur saint Augustin qui était lui-même un tel homme. — Mais si la contradiction et la guerre agissent dans une telle nature comme un aiguillon *de plus* en faveur de la vie; si, d'autre part, à ces instincts puissants et irréconciliables s'ajoutent, par l'hérédité et l'éducation, une véritable maîtrise et une subtilité consommée à faire la guerre avec soi-même, c'est-à-dire la faculté de se dominer et de se duper; alors se formera cet être mystérieux, insaisissable et inimaginable, cet homme énigmatique, destiné à vaincre et à séduire dont les plus belles expressions furent Alcibiade et César (— j'aimerais joindre à eux ce *premier* Européen, selon mon goût, Frédéric II de Hohenstaufen), peut-être Léonard de Vinci parmi les artistes. Ils apparaissent exactement aux mêmes époques où le type plus faible vient au premier plan, avec son besoin de repos. Les deux types se complètent l'un l'autre et trouvent leur origine dans les mêmes causes.

201.

Tant que l'utilité dominante dans les appréciations de valeur morale était seule l'utilité pour le troupeau, tant que le regard était uniquement tourné vers le maintien de la communauté, que l'on trouvait l'immoralité, exactement et exclusivement, dans ce qui paraissait dangereux à l'existence de la communauté, il ne pouvait pas y avoir de « morale altruiste ». Admettons que, même alors, il existait un usage constant dans les petits égards, dans la pitié, l'équité, la douceur, la réciprocité et l'aide mutuelle; admettons que, dans cet état de la société, tous ces instincts que l'on honorera plus tard sous le nom de « vertus » et que l'on finit par identifier presque avec l'idée de « moralité » étaient déjà en pleine action, néanmoins, à cette époque, ils n'appartenaient pas encore au domaine des appréciations morales — ils étaient encore *en dehors de la morale*. Un acte de pitié, par exemple, à l'époque florissante des Romains, n'était appelé ni bon, ni mauvais, ni moral, ni immoral; et, quand même on l'aurait loué, cet éloge se serait mieux accordé avec une sorte de dépréciation involontaire, dès que l'on aurait comparé avec lui un acte qui servait au progrès du bien public, de la *res publica*. Enfin « l'amour du prochain » restait toujours quelque chose de secondaire, de conventionnel en partie, quelque chose de presque arbitraire si on le comparait à la *crainte du prochain*. Lorsque la structure de la société parut solidement établie dans son ensemble, assurée contre les dangers extérieurs, ce fut cette crainte du prochain qui créa de nouvelles perspectives d'appréciations morales. Certains instincts forts et dangereux, tels que l'esprit d'entreprise, la folle témérité, l'esprit de vengeance, l'astuce, la rapacité, l'ambition, qui jusqu'à ce moment, au point de vue de l'utilité publique, n'avaient pas seulement été honorés — bien entendu sous d'autres noms, — mais qu'il était nécessaire de fortifier et de nourrir parce que l'on avait constamment besoin d'eux dans le péril commun, contre les ennemis communs, ces instincts ne sont plus considérés dès lors que par leur double côté dangereux, maintenant que les canaux de dérivation manquent pour eux — et peu à peu on se met à les marquer de flétrissure, à les appeler immoraux, on les abandonne à la calomnie. Maintenant les instincts et les penchants contraires ont la suprématie en morale, et l'instinct de troupeau tire progressivement ses conséquences. Quelle est la quantité de danger pour la communauté et pour l'égalité que contient une opinion, un état, un sentiment, une volonté, une prédisposition ? — c'est la perspective morale que l'on envisage maintenant. Mais là encore la crainte est la mère de la morale. Ce sont les instincts les plus élevés, les plus forts, quand ils se manifestent avec emportement, qui poussent l'individu en dehors et bien au-dessus de la moyenne et des bas-fonds de la conscience du troupeau, — qui font périr la notion d'autonomie dans la communauté, et détruisent chez celle-ci la foi en elle-même, ce que l'on peut appeler son épine dorsale. Voilà pourquoi ce seront ces instincts que l'on flétrira et que l'on calomniera le plus. L'intellectualité supérieure et indépendante, la volonté de solitude, la grande raison apparaissent déjà comme des dangers ; tout ce qui élève l'individu au-dessus du troupeau, tout ce qui fait peur au prochain s'appelle dès lors *méchant*. L'esprit tolérant, modeste, soumis, égalitaire, qui possède des désirs *mesurés* et *médiocres*, se fait un renom et parvient à des honneurs moraux. Enfin, dans les conditions très pacifiques, l'occasion se fait de plus en plus rare, de même que la nécessité qui impose au sentiment la sévérité et la dureté ; et, dès lors, la moindre sévérité, même en justice, commence à troubler la conscience. Une noblesse hautaine et sévère, le sentiment de la responsabilité de soi, viennent presque à blesser et provoquent la méfiance. L'« agneau », mieux encore le « mouton » gagnent en considération. Il y a un point de faiblesse maladive et d'affadissement dans l'histoire de la société, où elle prend parti même pour son ennemi, pour le *criminel*, et cela sérieusement et honnêtement. Punir lui semble parfois injuste ; il est certain que l'idée de « punition » et « d'obligation de punir » lui fait mal et l'effraye. « Ne suffit-il pas de rendre le criminel *incapable de nuire?* Pourquoi punir? Punir même est terrible ! » — Par cette question la morale de troupeau, la morale de la crainte tire sa dernière conséquence. En admettant d'ailleurs qu'on pût supprimer le danger, le motif de craindre, on aurait en même temps supprimé cette morale : elle ne se *considérerait plus elle-même* comme nécessaire ! — Celui qui examine la conscience de l'Européen d'aujourd'hui trouvera toujours à tirer des mille replis et des mille cachettes morales le même impératif, l'impératif de la terreur du troupeau. « Nous voulons qu'à un moment donné il n'y ait *rien à craindre !* » A un moment donné ! — la volonté, le chemin *qui y mène*, s'appelle aujourd'hui dans toute l'Europe « progrès ».

202.

Répétons ici, encore une fois, ce que nous avons déjà dit à cent reprises : car aujourd'hui les oreilles n'entendent pas volontiers de telles vérités — *nos* vérités. Nous savons assez combien cela passe pour une injure lorsque quelqu'un, sans fard ni symbole, compte l'homme parmi les animaux; mais on nous en fait presque *un crime*, d'employer constamment, précisément à l'égard de l'homme des « idées modernes », les termes de « troupeau » et d' « instinct de troupeau » et d'autres expressions semblables. Qu'importe ! nous ne pouvons faire autrement; car c'est là justement que sont nos vues nouvelles. Nous avons trouvé que, dans les principaux jugements moraux, l'unanimité règne en Europe et dans les pays soumis à l'influence européenne : on *sait* évidemment en Europe ce que Socrate confessait ne pas savoir et ce que l'antique et fameux serpent entendait enseigner, — on *sait* aujourd'hui ce qui est bien et ce qui est mal. Eh bien! notre insistance à répéter ces choses doit paraître dure à l'oreille et difficile à comprendre : c'est l'instinct de l'homme de troupeau qui croit *savoir* ici, qui se glorifie lui-même par ses blâmes et ses éloges et s'approuve lui-même. C'est ce même instinct qui a fait irruption et a acquis la prépondérance sur les autres instincts, et qui l'acquiert chaque jour davantage, conformément à l'assimilation et à la ressemblance physiologique toujours grandissantes dont il est un symptôme. *La morale est aujourd'hui en Europe une morale de troupeau.* Elle n'est, par conséquent, à notre avis, qu'une espèce particulière de morale humaine, à côté de laquelle, soit avant soit après, d'autres morales, surtout des morales *supérieures*, sont encore possibles ou *devraient l'être*. Mais, contre une telle «possibilité», contre un tel «devrait», cette morale emploie toutes ses forces à régimber : elle dit, avec une opiniâtreté impitoyable : « Je suis la morale même; hors de moi, il n'y a point de morale! » De plus, à l'aide d'une religion qui satisfait aux plus sublimes désirs du troupeau et flatte ces désirs, on en est venu à trouver, même dans les institutions politiques et sociales, une expression toujours plus visible de cette morale : le mouvement *démocratique* continue l'héritage du mouvement chrétien. Que son allure soit cependant trop lente et trop endormie pour les impatients, pour les malades, pour les monomanes de cet instinct, c'est ce que prouvent les hurlements toujours plus furieux, les grincements de dents toujours moins dissimulés des anarchistes, ces chiens qui rôdent aujourd'hui à travers les rues de la culture européenne, en opposition, semble-t-il, avec les démocrates pacifiques et laborieux, les idéologues révolutionnaires, plus encore avec les philosophâtres maladroits, les enthousiastes de fraternité qui s'intitulent socialistes et qui veulent la « société libre », mais en réalité tous unis dans une hostilité foncière et instinctive contre toute forme de société autre que le troupeau *autonome* (qui va jusqu'à refuser les idées de « maître » et de « serviteur » — « *ni Dieu ni maître* », dit une formule socialiste —); unis dans une résistance acharnée contre toute prétention individuelle, contre tout droit particulier, contre tout privilège (c'est-à-dire, en dernier lieu, contre tous les droits : car, lorsque tous sont égaux, personne n'a plus besoin de « droits »—); unis dans la méfiance envers la justice répressive (comme si elle était une violence contre des faibles, une injustice à l'égard d'un être qui n'est que la conséquence *nécessaire* d'une société du passé); tout aussi unis dans la religion de la pitié, de la sympathie envers tout ce qui sent, qui vit et qui souffre (en bas jusqu'à l'animal, en haut jusqu'à « Dieu » — l'excès de « pitié pour Dieu » appartient à une époque démocratique —); tous unis encore dans le cri d'impatience de l'altruisme, dans une haine mortelle contre toute souffrance, dans une incapacité presque féminine de rester spectateurs lorsque l'on souffre, et aussi dans l'incapacité de *faire* souffrir; unis dans l'obscurcissement et l'amollissement involontaires qui semblent menacer l'Europe d'un nouveau bouddhisme; unis dans la foi en la morale d'une pitié *universelle*, comme si cette morale était la morale en soi, le sommet, le sommet que l'homme a réellement *atteint*, le seul espoir de l'avenir, la consolation du présent, la grande rémission de toutes les fautes des temps passés; — tous unis dans la croyance à la solidarité *rédemptrice*, dans la croyance au troupeau, donc à « soi »...

203.

Nous qui avons une autre croyance, — nous qui considérons le mouvement démocratique, non seulement comme une forme de décadence de l'organisation politique, mais aussi comme une forme de décadence, c'est-à-dire de rapetissement chez l'homme, comme le nivellement de l'homme et sa diminution de valeur : où devons-*nous* diriger nos espoirs? — Vers les *nouveaux philosophes*, — nous n'avons pas à choisir; vers les esprits assez forts et assez prime-sautiers pour provoquer des appréciations opposées, pour transformer et renverser les « valeurs éternelles »; vers les avant-coureurs, vers les hommes de l'avenir qui, dans le présent, trouvent le joint pour forcer la volonté de milliers d'années à entrer dans des voies *nouvelles*. Enseigner à l'homme que son avenir, c'est sa *volonté*, que c'est affaire d'une volonté humaine, de préparer les grandes tentatives et les essais généraux de discipline et d'éducation, pour mettre fin à cette épouvantable domination de l'absurde et du hasard qu'on a appelée jusqu'à présent « l'histoire » — le non-sens du « plus grand nombre » n'est que sa dernière forme. Pour réaliser cela il faudra un jour une nouvelle espèce de philosophes et de chefs dont l'image fera paraître ternes et mesquins tous les esprits dissimulés, terribles et bienveillants qu'il y a eu jusqu'à présent sur la terre. C'est l'image de ces chefs qui flotte devant *nos* yeux. Puis-je en parler à voix haute, ô esprits libres? — Les circonstances qu'il faudrait en partie créer, en partie utiliser pour leur formation; les voies et les recherches hypothétiques par lesquelles une âme s'élève à une hauteur et à une force assez grandes pour comprendre la *contrainte* d'une telle tâche, une transmutation des valeurs, qui tremperait à nouveau la conscience de l'homme, transformerait son cœur en airain, pour lui faire supporter le poids d'une telle responsabilité ; d'autre part la nécessité de pareils guides, les risques épouvantables à courir si ces guides se mettent à faillir, à dégénérer ou à se corrompre — ce sont là les soucis réels qui *nous* oppressent, vous le savez bien, ô esprits libres ! ce sont là des pensées lointaines, lourdes comme des orages suspendus sur le ciel de *notre* vie. Il est peu de douleurs comparables à celle de voir un homme extraordinaire sortir de sa voie et dégénérer, de deviner et de sentir cet écart. Mais celui dont l'œil rare sait discerner le danger général de la *dégénérescence* de « l'homme lui-même » — celui qui, pareil à nous, a reconnu l'énorme hasard qui jusqu'ici fit de l'avenir de l'homme un jeu — un jeu où n'intervint pas la main, pas même le « doigt de Dieu » ! — celui qui devine la fatalité cachée dans la stupide candeur et l'aveugle confiance des « idées modernes », plus encore dans toute la morale chrétienne européenne : — celui-là souffre d'une anxiété à nulle autre pareille, car il saisit d'un regard tout ce qu'on pourrait *tirer encore de l'homme* en suscitant une réunion et un accroissement favorables des forces et des devoirs. Il sait, avec toute l'intuition de sa conscience, combien de possibilités résident encore dans l'homme, combien souvent déjà le type homme s'est trouvé en face de décisions mystérieuses et de voies nouvelles. Il sait encore mieux, d'après ses souvenirs les plus douloureux, à quels obstacles misérables se sont pitoyablement brisés jusqu'à présent les devenirs les plus hauts. *L'universelle dégénérescence de l'homme,* — qui descend jusqu'à ce degré d'abaissement que les crétins socialistes considèrent comme « l'homme de l'avenir » — leur idéal ! — cette dégénérescence et ce rapetissement de l'homme jusqu'au parfait animal de troupeau (ou, comme ils disent, à l'homme de la « société libre »), cet abêtissement de l'homme jusqu'au pygmée des droits égaux et des prétentions égalitaires — sans nul doute, cette dégénérescence est *possible !* Celui qui a réfléchi à cette possibilité, jusque dans ses dernières conséquences, connaît un dégoût que ne connaissent pas les autres hommes et peut-être connaît-il aussi une *tâche* nouvelle ! — —

CHAPITRE SIXIÈME

NOUS AUTRES SAVANTS

204.

Au risque de voir, ici aussi, l'habitude de moraliser se trahir pour ce qu'elle fut toujours — une manière intrépide de *montrer ses plaies*, selon l'expression de Balzac — j'oserais m'élever contre une inconvenante et funeste interversion de rangs qui, aujourd'hui, sans qu'on le remarque et comme à bon escient, menace de s'établir entre la science et la philosophie. Je pense que, fort de son expérience — expérience signifie toujours, n'est-ce pas, triste expérience ? — on doit avoir le droit de dire son mot dans cette haute question de la hiérarchie, pour ne point parler des couleurs comme un aveugle, ou, comme les femmes et les artistes, parler *contre* la science. (« Oh ! cette maudite science, soupirent l'instinct et la pudeur des femmes et des artistes, elle arrive toujours à se rendre compte ! » —) La déclaration d'indépendance de l'homme scientifique, son émancipation de la philosophie, voilà les plus subtils produits de l'ordre et du désordre démocratiques. La présomption et la glorification de soi sont aujourd'hui partout chez le savant en pleine floraison printanière, par quoi il ne faudrait pas entendre que la louange de soi ait bonne odeur (1). « Plus de maîtres ! » c'est encore le cri de l'instinct plébéien, et la science, après s'être défendue avec un succès éclatant de la théologie dont elle fut trop longtemps la « servante », s'avise maintenant, avec une absurde arrogance, de faire la loi à la philosophie et essaye, à son tour, de jouer au « maître » — que dis-je ! au *philosophe*. Ma mémoire — la mémoire d'un homme de science, avec votre permission ! est farcie de naïvetés orgueilleuses qu'il m'a été donné de surprendre, au sujet de la philosophie et des philosophes, dans la bouche des jeunes naturalistes et des vieux médecins (sans parler des plus cultivés et des plus présomptueux de tous les savants, les philologues et les pédagogues qui possèdent ces deux qualités par la grâce de leur profession —). Tantôt c'était le spécialiste, l'homme à l'horizon restreint, qui se mettait instinctivement en défense contre toute tâche et toute aptitude synthétiques ; tantôt c'était le laborieux travailleur qui avait respiré un parfum d'oisiveté dans l'économie morale du philosophe, ainsi qu'un certain sybaritisme distingué, et qui s'en serait cru lésé et amoindri. Tantôt encore, c'était l'aveuglement de l'utilitaire qui ne voyait dans la philosophie qu'une série de systèmes réfutés et une prodigalité qui ne « profitait » à personne. Tantôt aussi surgissait la crainte

---

(1) Allusion au proverbe allemand : *Eigenlob stinkt*. — N. d. T.

d'un mysticisme déguisé et d'une traîtreuse limitation de la connaissance, ou bien c'était le mépris de certains philosophes qui, involontairement, se changeait en un mépris général embrassant toute la philosophie. Enfin, le plus souvent je trouvais chez le jeune savant, sous le dédain orgueilleux de la philosophie, la mauvaise influence d'un seul philosophe à qui l'on avait bien refusé toute obéissance quant à ses vues générales, mais sans échapper à la tyrannie de son appréciation dédaigneuse des autres philosophes. Et le résultat de cet état d'esprit se traduisait par un mauvais vouloir général à l'égard de toute philosophie. (Telle me semble, par exemple, l'influence tardive de Schopenhauer sur la nouvelle Allemagne. Par sa rage inintelligente contre Hegel, il est arrivé à séparer la dernière génération d'Allemands de son lien avec la culture allemande, culture qui, tout bien examiné, avait produit une élévation et une subtilité divinatoire de *l'esprit historique*. Mais sur ce chapitre Schopenhauer était pauvre, irréceptif et anti-allemand jusqu'au génie.) Tout bien considéré, et si l'on envisage les choses au point de vue général, il se peut que ce soit avant tout le côté « humain, trop humain », c'est-à-dire la pauvreté des philosophes modernes qui ait nui le plus radicalement au respect de la philosophie et ouvert la porte aux instincts plébéiens. Qu'on se rende donc compte combien notre monde moderne est éloigné de celui des Héraclite, des Platon, des Empédocle et de tous ces solitaires de l'esprit, superbes et royaux, et combien un brave homme de science se sent aujourd'hui, à bon droit, de meilleure naissance et d'espèce plus noble, en face de ces représentants de la philosophie qui aujourd'hui, grâce à la mode, tiennent le haut et le bas du pavé — je cite par exemple en Allemagne ces deux lions de Berlin, l'anarchiste Eugène Dühring et l'amalgamiste Edouard de Hartmann. C'est surtout le spectacle de ces philosophes du méli-mélo — ils s'appellent « philosophes de la réalité » ou « positivistes » — qui est capable de jeter une dangereuse méfiance dans l'âme d'un savant jeune et ambitieux. Ceux-là sont, tout au plus, des savants et des spécialistes, c'est de la plus parfaite évidence ! Tous, tant qu'ils sont, ressemblent à des vaincus, *ramenés* sous le joug de la science, ce sont des gens qui, autrefois, ont aspiré à obtenir davantage d'eux-mêmes, sans avoir un droit à ce « davantage » et à la responsabilité qu'il comporte. Mais ils représentent maintenant, tels qu'ils sont, honorables, rancuniers et vindicatifs, en parole et en action, l'incrédulité au sujet de la tâche directrice et de la suprématie qui incombent à la philosophie. Et comment saurait-il en être autrement ? La science est aujourd'hui florissante, la bonne conscience, qui est la science, est écrite sur son visage, tandis que cet abaissement où est tombée peu à peu toute la nouvelle philosophie, ce qui reste aujourd'hui de philosophie, s'attire la méfiance et la mauvaise humeur, sinon la raillerie et la pitié. La philosophie, réduite à la « théorie de la connaissance », n'est plus, en réalité, qu'une timide abstinence et une théorie de tempérance, une philosophie qui reste sur le seuil et se *refuse* rigoureusement le droit d'entrer — c'est la philosophie à toute extrémité, c'est une fin, une agonie, quelque chose qui fait pitié. Comment une telle philosophie pourrait-elle donc... dominer ?

205.

Les dangers qui menacent le développement du philosophe sont, en vérité, si multiples aujourd'hui qu'on pourrait douter de la possibilité, pour ce fruit, d'arriver à sa maturité. Le domaine des sciences s'est accru et les tours de Babel élevées par les sciences se sont multipliées d'une façon prodigieuse. En même temps, il devenait de plus en plus probable que le philosophe, fatigué déjà par l'étude, demeurerait fixé en un point et se laisserait « spécialiser », en sorte qu'il n'atteindrait plus la hauteur qui lui est nécessaire pour parvenir à une vision d'ensemble et circulaire, une hauteur suffisante pour lui permettre de jeter un regard vers *en bas*. Ou bien il y arrive trop tard, quand sa jeunesse et sa pleine vigueur sont passées, ou bien quand il est déjà atteint, alourdi, caduc, ce qui fait que son coup-d'œil, son évaluation générale n'ont plus guère de valeur. C'est peut-être justement la délicatesse de sa conscience intellectuelle qui le fait hésiter et s'arrêter en route. Il craint la séduction qui l'entraînerait à être dilettante, à étendre partout des pattes et des antennes ; il sait trop bien que celui qui a perdu le respect de lui-même ne sait plus ni commander, ni *conduire*, en tant que connaisseur, à moins qu'il n'aspire à devenir grand comédien, Cagliostro philosophique, attrapeur intellectuel, bref, séducteur. Ce serait là, en fin de compte, une question de goût, si ce n'était pas une question de conscience. A cela s'ajoute, pour augmenter encore les difficultés où se débat le philosophe, que celui-ci réclame de lui-même un jugement, un oui ou un non, non point au sujet de la science, mais sur la vie et la valeur de la vie. Il se persuade difficilement qu'il a un droit ou même un devoir à ce sujet et, souvent interdit, plein de doute et d'hésitation, il en est réduit à chercher sa voie vers ce droit et cette croyance en s'aidant uniquement des expériences les plus vastes, parfois les plus troublantes et les plus destructrices. De fait, la foule a longtemps méconnu le philosophe et l'a pris, soit pour l'homme de science, l'idéal du savant, soit pour le charlatan religieux, planant au-dessus du monde, méprisant les sens, ivre de Dieu. Et s'il vous arrive aujourd'hui d'entendre louer quelqu'un de ce qu'il mène une vie « sage », une « vie de philosophe », cela ne veut guère dire autre chose que ceci, qu'il est « prudent » et qu'il vit « à l'écart ». Sagesse, c'est pour la foule une sorte de fuite prudente, un moyen habile de « tirer son épingle du jeu ». Mais le vrai philosophe — n'est-ce pas *notre* avis, mes amis? — le vrai philosophe vit d'une façon « non-philosophique », « non-sage », et, avant tout, *déraisonnable*. Il sent le poids et le devoir de mille tentatives et tentations de la vie. Il se risque constamment, il joue gros jeu...

206.

Comparé à un génie, c'est-à-dire à un être qui *engendre* ou enfante, les deux termes pris dans leur sens le plus étendu, le savant, l'homme de science de la moyenne, a toujours quelque chose de la vieille fille, car, comme elle, il n'entend rien à ces deux fonctions les plus importantes de l'homme : *engendrer* et *enfanter*. Et vraiment on leur accorde à tous deux, savant et vieille fille, la respectabilité en guise de dédommagement — on souligne, en ces cas, la respectabilité — et, forcé à cette concession, on y mêle une égale dose d'ennui. Examinons les choses de plus près. Qu'est-ce que l'homme de science? D'abord une sorte d'homme sans noblesse, avec les vertus d'un être sans noblesse, c'est-à-dire d'un être qui n'appartient pas à l'espèce qui domine et possède l'autorité, un être dépourvu aussi de contentement de soi. Il est plein d'application et possède une grande patience à se tenir dans les rangs, de l'unité et de la mesure dans ses capacités et ses aspirations; il a l'instinct de ce qu'est son semblable et des besoins de son semblable, par exemple ce besoin d'un petit terrain d'indépendance et de verte prairie, sans lequel il ne saurait y avoir d'indépendance dans le travail; il détient cette prétention aux honneurs et à la considération (qui avant tout suppose que l'on reconnaît ses mérites et qu'il est capable de les faire reconnaître), cette auréole de bon renom, cette constante ratification de sa valeur et de son utilité, au moyen desquels la *méfiance* intime, qui gît au fond du cœur de tous les hommes dépendants et des animaux sociables, doit sans cesse être vaincue à nouveau. Le savant, comme de raison, est aussi affligé des maladies et des défauts d'une race sans noblesse. Riche de mesquineries, il possède un œil de lynx pour les côtés faibles de ces natures d'élite à la hauteur desquelles il ne peut atteindre. Il est confiant, mais seulement comme quelqu'un qui se laisse aller, et non pas *entraîner*, il sera d'autant plus froid et renfermé pour les hommes de grand entraînement ; alors son œil se présentera comme la surface calme et maussade d'un lac, où n'apparaît plus la moindre vague d'enthousiasme ou de sympathie. Si le savant est capable de choses mauvaises et dangereuses, cela tient à l'instinct de médiocrité inhérent à son espèce, à ce jésuitisme de la médiocrité qui travaille instinctivement à la destruction de l'homme supérieur et cherche à briser, ou mieux encore à détendre tous les arcs qui sont tendus. Car *détendre*, détendre avec déférence, d'une main délicate bien entendu, d'une main compatissante et confiante, c'est l'art propre du jésuitisme qui s'est toujours entendu à se faire passer pour la religion de la pitié.

207.

Quelle que soit la reconnaissance qu'on doive témoigner à l'esprit *objectif*—et qui donc ne serait pas un jour ennuyé à mourir de la subjectivité et de sa maudite *ipsissimosité?* — il faut pourtant se tenir en garde contre cette reconnaissance et ses excès, car elle fait glorifier aujourd'hui l'abnégation et l'impersonnalité, comme si ces qualités représentaient le but par excellence, quelque chose comme le salut et la transfiguration. C'est ce qui arrive au sein de l'école pessimiste qui a de bonnes raisons pour rendre les honneurs suprêmes à la « connaissance désintéressée ». L'homme objectif qui ne maudit ni n'injurie plus, comme le fait le pessimiste, le savant *idéal* qui représente l'instinct scientifique parvenu à sa pleine floraison, après des milliers de demi-désastres et de désastres complets, est certes un instrument précieux entre tous, mais il faut qu'il soit dans la main d'un plus puissant que lui. Ce n'est qu'un instrument, disons un *miroir*, il n'est pas quelque chose par lui-même. L'homme objectif est en effet un miroir; habitué à s'assujettir à tout ce qu'il faut connaître, sans autre désir que celui que donne la connaissance, le « reflet » — il attend qu'il se passe quelque chose, alors il s'étend doucement, afin que les plus légers indices et le frôlement des êtres surnaturels ne se perdent pas en glissant à la surface de sa peau. Ce qui reste encore de « personnel » en lui lui paraît fortuit, souvent arbitraire, plus souvent gênant, tant il s'est transformé lui-même, en véhicule, en reflet de formes et d'événements étrangers. Il se rappelle à lui-même avec effort, fréquemment d'une façon fausse; il se prend facilement pour un autre, il se méprend sur ses propres besoins, et c'est alors seulement qu'il est négligent et sans délicatesse. Peut-être est-il tourmenté par sa santé ou bien par la mesquinerie et l'atmosphère d'étroitesse qui règnent chez sa femme et ses amis, ou par le manque de compagnons et de société. Il se contraint même à réfléchir sur sa propre souffrance, mais c'est en vain! Déjà sa pensée erre au loin, portée vers les idées *générales* et demain il saura, tout aussi mal qu'il le savait hier, comment il faut s'en tirer. Il a désappris de se prendre au sérieux, il n'a plus de temps pour lui-même : il est joyeux, non pas à cause de l'absence de misère, mais faute de pouvoir toucher et manier *sa* misère. Sa complaisance habituelle envers toute chose, tout événement, l'hospitalité sereine et impartiale qu'il met à accueillir tout ce qui l'attaque, sa bienveillante indifférence, sa dangereuse insouciance du oui et du non, hélas ! toutes ces vertus, il a souvent à s'en repentir et, comme homme surtout, il devient trop aisément le *caput mortuum* de ces vertus. Réclame-t-on de lui de l'amour et de la haine — j'entends de l'amour et de la haine comme les comprennent Dieu, la femme et la bête, — il fera ce qui est dans son pouvoir et donnera ce qu'il peut. Mais on ne s'étonnera pas si ce n'est pas grand'chose, — s'il se montre justement ici faux, fragile, mou et incertain. Son amour est voulu; sa haine est artificielle, un pur *tour de force*, une petite ostentation, une légère exagération. Il n'est naturel que quand il peut être objectif : il ne reste « nature » et « naturel » que dans son totalisme serein. Son âme transparente qui se polit sans cesse ne peut plus affirmer, ne peut plus nier; il ne commande pas; il ne détruit pas non plus. *Je ne méprise presque rien*, dit-il avec Leibniz ! Qu'on remarque toute l'importance de ce *presque*. Il n'est pas non plus un modèle d'homme; il ne précède ni ne suit personne; il se tient, en général, trop loin pour avoir des raisons de prendre un parti entre le bien et le mal. Si on l'a si longtemps confondu avec le *philosophe*, avec l'homme violent et le créateur césarien de la culture, on lui a fait trop d'honneur et on n'a pas reconnu le fond de sa nature : c'est un instrument, une sorte d'esclave, à la vérité un esclave sublime en son genre, par lui-même il n'est rien — *presque rien*. L'homme objectif est un instrument, un instrument précieux pour mesurer, qui se dérange et se brise facilement, un miroir admirable qu'on doit garder avec soin et honorer, mais il n'est pas un but; il n'est ni une fin ni un commencement; il n'est pas un homme complémentaire en qui le *reste* de l'existence se justifie, il n'est pas une conclusion — et moins encore un début, une création, une cause première; rien n'existe en lui qui soit âpre, puissant, basé sur lui-même, rien qui veuille être maître. C'est plutôt un vase délicatement ouvré, aux contours subtils et mouvants qui doit attendre la venue d'un contenu quelconque pour se former d'après ce contenu. C'est d'ordinaire un homme sans teneur, un homme « sans essence propre ». Conséquemment une non-valeur pour la femme. Ceci entre parenthèses. —

208.

Lorsqu'un philosophe affirme aujourd'hui qu'il n'est pas un sceptique — j'espère qu'on a tiré cette conclusion de la description de l'esprit objectif, donnée ci-dessus — tout le monde entend cela avec déplaisir; on l'examine avec une certaine appréhension, on voudrait l'interroger au sujet de tant de choses... En outre, parmi les auditeurs craintifs qui abondent aujourd'hui, il passe dès lors pour un être dangereux. Il leur semble que cette répudiation du scepticisme provoque au loin une rumeur menaçante et de mauvais augure, comme si quelque part on expérimentait une nouvelle matière explosive, une dynamite de l'esprit, une nihiline russe inconnue jusqu'ici, un pessimisme *bonæ voluntatis* qui non seulement nie, exige un « non », mais qui — chose horrible à penser — met la négation en *pratique*. Contre cette espèce de « bonne volonté » — volonté de la négation réelle et effective de la vie — il n'y a pas aujourd'hui, on le sait, de meilleur calmant, de meilleur soporifique que le scepticisme; ce doux pavot qui provoque des torpeurs bienfaisantes, et les médecins de notre temps prescrivent même la lecture d'*Hamlet* contre l'esprit et ses agitations souterraines. « N'a-t-on pas déjà les oreilles pleines de mauvais bruits? dit le sceptique, ami du repos, sorte d'agent de la sûreté : cette négation souterraine est terrible ! Taisez-vous donc enfin, taupes pessimistes! » En effet, le sceptique, cet être délicat, est très prompt à s'effrayer; sa conscience est prête à tressaillir à un non, et même à un oui résolu et dur, prête à sentir quelque chose comme une morsure. Oui et non ! — cela lui paraît immoral ; il aime, au contraire, à faire fête à sa vertu par une noble continence, en disant avec Montaigne : « que sais-je? » ou avec Socrate : « je sais que je ne sais rien »; ou : « je me défie de moi, aucune porte ne m'est ouverte ici » ; ou : « à supposer qu'elle fût ouverte, pourquoi faudrait-il entrer » ? ou : « à quoi servent des hypothèses hâtives ? S'abstenir des hypothèses pourrait être une preuve de bon goût. Vous faut-il donc absolument redresser quelque chose qui n'est pas droit ? boucher toutes les ouvertures avec une étoupe quelconque ? N'y a-t-il pas le temps pour cela ? Le temps n'a-t-il pas bien le temps ? O gent diabolique, ne pouvez-vous *attendre ?* L'incertain même a son charme, le Sphinx même est une Circé, et Circé même était une philosophe. » — Ainsi se console le sceptique, et il est de fait qu'il a besoin de quelque consolation. Car le scepticisme est la forme la plus spirituelle d'une certaine condition physiologique aux aspects multiples qu'en langage vulgaire on nomme débilité nerveuse ou état morbide ; il se produit toujours lorsque des races ou des conditions sociales, longtemps éloignées les unes des autres, se mélangent d'une façon décisive et soudaine. Dans la génération nouvelle, qui a dans le sang des mesures et des valeurs diverses, tout est émoi, trouble, doute, tentative. Les forces les plus hautes ont un effet restrictif, les vertus mêmes ne se permettent pas mutuellement de croître et d'acquérir de la force ; dans le corps et dans l'âme manquent l'équilibre, le centre de gravité, la sûreté perpendiculaire. Mais ce qui, chez de pareils métis, est avant tout malade et dégénéré, c'est la *volonté.* L'indépendance des résolutions, le plaisir hardi du vouloir leur sont désormais inconnus, — ils doutent du « libre arbitre », même dans leurs rêves. Notre Europe contemporaine, ce foyer d'un effort soudain et irréfléchi, pour mélanger radicalement les rangs et, *par conséquent,* les races, est, par cela même, sceptique du haut en bas de l'échelle, tantôt animée de ce scepticisme mobile qui, impatient et lascif, saute d'une branche à l'autre, tantôt troublé et comme obscurci par un nuage de questions — et parfois las de sa volonté à en mourir ! Paralysie de la volonté, où ne rencontre-t-on pas aujourd'hui cette infirmité ! Et parfois on la trouve même vêtue avec une certaine élégance, avec des dehors séducteurs ! Pour cacher cette maladie on a des habits d'apparat, des parures menteuses ; par exemple ce qu'on étale aujourd'hui sous le nom d' « objectivité », d' « esprit scientifique », d' « *art pour l'art* », de « connaissance pure, indépendante de la volonté », tout cela n'est que du scepticisme fardé, la paralysie de la volonté qui se déguise. Je me porte garant du diagnostic de cette maladie européenne. — La maladie de la volonté s'est propagée à travers l'Europe d'une façon inégale ; elle sévit avec le plus de force et sous les aspects les plus variés partout où la civilisation est depuis le plus longtemps acclimatée ; elle tend à disparaître dans la mesure où le « barbare » réussit à maintenir — ou à revendiquer — ses droits sous les vêtements lâches de la civilisation occidentale. En conséquence, c'est dans la France contemporaine, comme il est facile de le montrer et de le démontrer, que la volonté est le plus malade ; et la France qui a toujours possédé une habileté souveraine à présenter, sous une forme charmante et séduisante, jusqu'aux tournures les plus néfastes de son esprit, apparaît aujourd'hui à l'Europe, dans l'excès de son génie national, comme la véritable école et le théâtre du scepticisme dans ce qu'il a de plus attrayant. La force du vouloir, la force de vouloir longtemps dans un même sens, est déjà un peu plus accentuée en Allemagne, davantage dans l'Allemagne du Nord, moins dans l'Allemagne centrale ; beaucoup plus forte en Angleterre, en Espagne et en Corse, là grâce au flegme, ici grâce à la dureté des crânes — sans parler de l'Italie qui est trop jeune pour savoir encore ce qu'elle veut, et qui devra d'ailleurs montrer d'abord ce qu'elle peut vouloir. — Mais la volonté est la plus forte et la plus étonnante dans ce prodigieux empire du milieu, où l'Europe reflue pour ainsi dire vers l'Asie — en Russie. C'est là que la volonté latente est depuis longtemps comprimée et accumulée, là que la volonté — on ne sait si elle sera affirmative ou négative — attend d'une façon menaçante le moment où elle sera déclenchée, pour emprunter leur mot favori aux physiciens d'aujourd'hui. Ce n'est pas à la guerre avec l'Inde, ni aux complications en Asie que l'Europe devrait demander de la protéger contre le danger le plus sérieux qui la menace, mais à un bouleversement intérieur, à une explosion émiettant l'empire et surtout à l'importation de l'absurdité parlementaire, avec l'obligation pour chacun de lire le journal à son déjeuner. Ceci ne sont pas des désirs, le contraire me tient plus à cœur, c'est-à-dire que je voudrais voir l'Europe, en face de l'attitude de plus en plus menaçante de la Russie, se décider à devenir menaçante à son tour, à se créer, au moyen d'une nouvelle caste qui la régirait, *une volonté unique,* formidable, capable de poursuivre un but pendant des milliers d'années, afin de mettre un terme à la trop longue comédie de sa petite politique et à ses mesquines et innombrables volontés dynastiques ou démocratiques. Le temps de la petite politique est passé ; déjà le siècle qui s'annonce fait prévoir la lutte pour la souveraineté du monde — et *l'irrésistible poussée* vers la grande politique.

209.

En quelle mesure la nouvelle ère guerrière, où nous autres Européens sommes certainement entrés, pourra peut-être se montrer favorable au développement d'un scepticisme d'espèce différente et plus forte, c'est ce que je ne puis exprimer provisoirement que par une comparaison qui sera comprise par les amis de l'histoire d'Allemagne. Cet enthousiaste peu scrupuleux qui aimait les beaux

grenadiers à haute taille, et qui étant roi de Prusse
donna l'existence à un génie militaire et sceptique,
devenu précisément aujourd'hui le type vainqueur
et dominant de l'Allemand — ce père bizarre et fou
de Frédéric le Grand, avait en un point le coup
d'œil et la griffe heureuse du génie. Il savait ce qui
manquait alors en Allemagne, il connaissait cette
pénurie cent fois plus inquiétante et plus pressante
que le manque de culture et d'usages du monde
par exemple, — son antipathie contre le jeune Frédéric avait sa source dans l'angoisse d'un instinct
profond. *Les hommes manquaient* et il soupçonnait
avec un chagrin amer que son propre fils n'était
pas assez homme. En cela il se trompait; mais qui
à sa place ne se serait pas trompé? Il voyait en
son fils une proie de l'athéisme, de *l'esprit*, de la
légèreté épicurienne et spirituelle des Français, il
soupçonnait à l'arrière-plan la grande sangsue,
l'araignée scepticisme; il pressentait la misère incurable d'un cœur qui n'est plus assez dur, ni pour le
mal ni pour le bien, d'une volonté brisée, qui ne
commande plus et ne *peut* plus commander. Cependant croissait en son fils cette nouvelle espèce
plus dangereuse et plus dure de scepticisme — qui
sait? *combien* favorisée par la haine du père et par
la mélancolie glaciale d'une volonté réduite à la
solitude — le scepticisme de l'audacieuse virilité,
proche parent du génie de la guerre et de la conquête, qui fit sa première irruption en Allemagne

avec Frédéric le Grand. Ce scepticisme méprise et attire quand même; il mine et prend possession; il est sans foi, mais ne se perd pas pour cela; il donne à l'esprit une liberté dangereuse, mais il tient fermement le cœur en bride; c'est la forme *allemande* du scepticisme, qui, sous les dehors d'un Frédéricianisme grandissant, arrivé à son suprême degré de spiritualisation, a longtemps tenu l'Europe sous l'empire de l'esprit allemand et de sa défiance critique et historique. Sous la pression de ce caractère viril, fort et tenace propre aux grands philologues et critiques historiques allemands (qui, à les bien considérer, étaient aussi des artistes de destruction et de décomposition), une *nouvelle* conception de l'esprit allemand se fixa, peu à peu, malgré tous les efforts des romantiques, en musique et en philosophie, une conception dont le trait dominant était un scepticisme viril, figuré par exemple par l'intrépidité du regard, la hardiesse et la dureté de la main qui analyse, la volonté tenace dans de périlleuses explorations, les expéditions téméraires vers le pôle Nord, sous des cieux menaçants et désolés. Les hommes humanitaires, ardents ou superficiels, ont eu de bonnes raisons pour partir en guerre contre cet esprit : *cet esprit fataliste, ironique, méphistophélique*, comme l'appelle, non sans frissonner, Michelet. Mais si l'on veut sentir combien est distinguée cette crainte de l' « homme » dans l'esprit allemand, par quoi l'Europe fut réveillée de son « sommeil dogmatique », qu'on se rappelle la conception ancienne qu'il fallut vaincre au moyen de cet esprit. Le temps n'est pas encore si éloigné où une femme virilement douée osa, avec une arrogance suprême, recommander à l'intérêt de l'Europe les Allemands, ces lourdauds au cœur tendre, à la volonté faible, à la nature poétique. Qu'on pénètre donc jusqu'au fond de l'étonnement de Napoléon quand il vit Gœthe. Cet étonnement laisse deviner ce qu'on avait supposé pendant des siècles être l'esprit allemand. « *Voilà un homme!* » — cela voulait dire : Mais c'est un *homme* cela ! Et je ne m'étais attendu à ne voir qu'un *Allemand !* —

210.

En admettant donc que, dans l'image des philosophes de l'avenir, un trait quelconque laisse deviner qu'ils sont des sceptiques, dans le sens que l'on vient d'indiquer, on n'aurait fait encore que signaler une de leurs particularités — on ne les aurait *pas* caractérisés eux-mêmes par là. Ils auraient autant de droits à être appelés des critiques et ce seront sûrement des hommes voués à l'expérimentation. Par le nom dont j'ai osé les baptiser, j'ai déjà souligné clairement la tentative et le plaisir de la tentative : cela provient-il de ce que, critiques de corps et d'âme, ils aiment à se servir de l'expérimentation dans un sens nouveau, peut-être plus étendu, peut-être plus périlleux ? Doivent-ils, dans leur passion de connaître, pousser leurs expérimentations téméraires et douloureuses jusqu'à l'offense du goût efféminé et affadi d'un siècle démocratique? — Point de doute : ces hommes de l'avenir pourront le moins se passer des qualités, sévères et non sans danger, qui distinguent le critique du sceptique, je veux dire la sûreté d'appréciation, le maniement conscient d'une méthode dans son unité, le courage déniaisé, l'énergie suffisante pour se tenir à l'écart, pour assumer la responsabilité de ses propres actes; de plus, ils avouent en eux un penchant à nier et à analyser et une certaine cruauté raisonnée qui sait manier le couteau avec sûreté et adresse, même quand le cœur saigne. Ils seront plus *durs* (et non point toujours seulement contre eux-mêmes) que les hommes humains ne le désireraient; ils n'auront pas commerce avec la vérité pour qu'elle leur « plaise » ou les « élève » et les « enthousiasme », ils tiendront peu à croire que la vérité traîne à sa suite de telles jouissances pour le sentiment. Ils souriront, ces esprits sévères, quand quelqu'un dira devant eux : « cette pensée m'élève, comment ne serait-elle pas vraie? » Ou : « cet ouvrage m'enchante : comment ne serait-il pas beau ? » Ou encore : « cet artiste me rend plus grand, comment ne serait-il pas grand lui-même ? » — Ils n'auront peut-être pas seulement un sourire, mais un véritable dégoût — devant toutes ces fadaises romanesques, idéalistes, efféminées, hermaphrodites, et celui qui saurait les suivre jusqu'au secret de leur for intérieur aurait quelque peine à y découvrir l'intention de concilier « les sentiments chrétiens » avec le « goût antique » ou avec le « parlementarisme moderne » (rapprochement que l'on trouve même chez des philosophes de notre siècle, siècle dépourvu d'instincts et, par conséquent, très conciliateur). La discipline critique et toute habitude qui mène à la propreté et à la sévérité dans les choses de l'esprit seront exigées par ces philosophes de l'avenir et d'eux-mêmes et des autres ; peut-être la porteront-ils même comme une sorte de parure — et pourtant ils ne voudront pas pour cela être appelés critiques. Il leur semblera que c'est un véritable affront à la philosophie que de décréter, comme on le fait aujourd'hui : la philosophie elle-même est une critique, une science critique — et rien que cela! Il se peut que cette appréciation de la philosophie obtienne la faveur de tous les positivistes de France et d'Allemagne (il se peut même qu'elle eût flatté le sentiment et le goût de Kant : qu'on se rappelle le titre de ses principaux ouvrages), nos nouveaux philosophes diront malgré tout : Les critiques sont les instruments du philosophe et, comme tels, ce ne sont pas des philosophes! Le grand Chinois de Kœnigsberg n'était lui-même qu'un grand critique. —

211.

J'insiste donc à prétendre qu'il faut enfin cesser de confondre les travailleurs philosophiques et, en général, les hommes de science avec les philosophes — qu'ici surtout il faut observer strictement la règle : à chacun ce qui lui est dû, et ne pas donner à ceux-là beaucoup trop, à ceux-ci beaucoup trop peu. Il se peut qu'il soit nécessaire, pour l'éducation du véritable philosophe, que celui-ci ait gravi lui-même tous les degrés où ses serviteurs, les ouvriers scientifiques de la philosophie, demeurent arrêtés — et *doivent* demeurer arrêtés; peut-être doit-il lui-même avoir été critique, sceptique, dogmatique, historien et aussi poète, compilateur, voyageur, devineur d'énigmes, moraliste, voyant, « esprit libre », avoir été presque tout enfin, pour parcourir le cercle des valeurs humaines et du sentiment des valeurs, pour *pouvoir* regarder, avec des yeux et une conscience douée de facultés multiples, regarder de la hauteur dans tous les lointains, de la profondeur vers toutes les hauteurs, d'un coin vers tous les éloignements. Mais tout cela ne représente que les conditions premières de sa tâche ; cette tâche veut autre chose encore — elle exige qu'il *crée des valeurs*. Tous les ouvriers philosophiques, façonnés sur le noble modèle de Kant et de Hegel, ont à fixer et à réduire en formules un vaste état de valeurs — c'est-à-dire de *valeurs établies*, créées anciennement, qui sont devenues prédominantes et, pendant un certain temps, ont été nommées « vérités » — valeurs dans le domaine *logique*, *politique* (moral) ou *artistique*. Il appartient à ces chercheurs de rendre visible, concevable, saisissable, maniable tout ce qui s'est passé et a été estimé jusqu'à présent, de raccourcir tout ce qui est long, le « temps » lui-même, et de *subjuguer* tout le passé : tâche prodigieuse et admirable au service de laquelle tout orgueil délicat, toute volonté tenace, peuvent trouver satisfaction. *Mais les véritables philosophes ont pour mission de commander et d'imposer la loi.* Ils disent : « Cela *doit* être ainsi ! » Ils déterminent d'abord la direction et le pourquoi de l'homme et disposent pour cela du travail préparatoire de tous les ouvriers philosophiques, de tous les assujettisseurs du passé, — ils saisissent l'avenir d'une main créatrice, et tout ce qui est et a été leur sert de moyen, d'instrument, de marteau. Leur « recherche de la connaissance » est *création*, leur création est législation, leur volonté de vérité est.... *volonté de puissance*. — Existe-t-il aujourd'hui de pareils philosophes ? Y eut-il jamais de pareils philosophes ? Ne *faut*-il pas qu'il y ait de pareils philosophes ?...

212.

Il me paraît de plus en plus certain que le philosophe, en sa qualité d'homme *nécessaire* de demain et d'après-demain, s'est toujours trouvé et a *dû* se trouver toujours en contradiction avec son époque : son ennemi fut constamment l'idéal d'aujourd'hui. Jusqu'à présent, tous ces promoteurs extraordinaires de l'homme, qu'on nomme philosophes et qui se sont eux-mêmes rarement regardés comme des amis de la sagesse, mais plutôt comme des fous insupportables et des énigmes dangereuses — ont eu pour tâche (tâche difficile, involontaire, inévitable), et reconnu la grandeur de leur tâche en ceci qu'ils devaient être la mauvaise conscience de leur époque. En portant précisément le couteau vivisecteur à la gorge des *vertus de l'époque*, ils ont révélé ce qui était leur propre secret : connaître pour l'homme une *nouvelle* grandeur, une voie nouvelle et inexplorée qui le conduirait à son agrandissement. Ils ont trahi chaque fois combien d'hypocrisie, de commodité, de laisser-aller et de laisser-choir, combien de mensonges se cachaient sous le type le plus honoré de la moralité contemporaine, combien de vertus étaient arrivées à se *survivre*. Chaque fois ils disaient : « Il faut que nous sortions, que nous nous en allions vers des contrées, auxquelles *vous* vous êtes le moins accoutumés. » En présence d'un monde d' « idées modernes » qui voudrait confiner chacun dans son coin, dans sa spécialité, un philosophe, si des philosophes pouvaient exister aujourd'hui, serait obligé de placer la grandeur de l'homme, le concept « grandeur » dans toute son extension et sa diversité, dans toute sa totalité multiple : il établirait même la valeur et le rang d'après la capacité de chacun à prendre sur lui des choses diverses, en se rendant compte jusqu'*où* il pourrait étendre sa responsabilité. Aujourd'hui le goût de l'époque, la vertu de l'époque affaiblissent et réduisent la volonté; rien ne répond mieux à l'état d'esprit de l'époque que la faiblesse de volonté : donc, l'idéal du philosophe doit précisément faire rentrer dans le concept « grandeur » la force de volonté. la dureté et l'aptitude aux longues résolutions. De même la doctrine contraire et l'idéal d'une humanité timide, pleine d'abnégation, humble et qui douterait d'elle-même s'adaptait à une époque contraire, comme le seizième siècle par exemple, qui souffrait de son accumulation d'énergie de la volonté et d'un torrent d'égoïsme impétueux. Au temps de Socrate, au milieu de tant d'hommes aux instincts fatigués, parmi des Athéniens conservateurs, qui se laissaient aller — « au bonheur », selon leurs expressions, au plaisir, selon leurs actions, — et qui avaient encore à la bouche les vieilles expressions pompeuses auxquelles leur vie ne leur donnait plus droit, peut-être l'*ironie* était-elle nécessaire à la grandeur d'âme, cette malicieuse assurance socratique du vieux médecin, du plébéien qui tailla sans pitié dans sa propre chair, comme dans la chair et le cœur du « noble », avec un regard qui disait assez clairement : « Pas de dissimulation avec moi! Ici... nous sommes tous pareils! » Aujourd'hui par contre, alors que la bête de troupeau arrive seule aux honneurs et seule à la dispensation des honneurs en Europe, alors que l'« égalité des droits » pourrait se traduire plutôt par l'égalité dans l'injustice : je veux dire dans la guerre générale contre tout ce qui est rare, étrange, privilégié, la guerre contre l'homme supérieur, l'âme supérieure, le devoir supérieur, la responsabilité supérieure, la plénitude créatrice et dominatrice — aujourd'hui être noble, vouloir être pour soi, savoir être différent, devoir vivre seul et pour son propre compte sont choses qui rentrent dans le concept « grandeur » et le philosophe révélera en quelque mesure son propre idéal en affirmant : « Celui-là sera le plus grand qui saura être le plus solitaire, le plus caché, le plus écarté, l'homme qui vivra par delà le bien et le mal, le maître de ses vertus, qui sera doué d'une volonté abondante; voilà ce qui doit être appelé de la *grandeur* : c'est à la fois la diversité et le tout, l'étendue et la plénitude. » Et nous le demandons encore une fois : aujourd'hui — la grandeur est-elle *possible* ?

213.

Il est difficile d'apprendre ce que c'est qu'un philosophe, parce qu'on ne peut pas l'enseigner : il faut le « savoir » par expérience — ou avoir la fierté de *l'ignorer*. Mais aujourd'hui chacun parle de choses dont il ne *peut* avoir aucune expérience. Cela est malheureusement vrai, surtout pour ce qui en est des philosophes et des questions philosophiques. Un très petit nombre de gens connaît ces hommes et ces questions, peut les connaître et pour ce qui les concerne les opinions populaires sont toutes erronées. Par exemple, cette véritable affinité philosophique qui existe entre une spiritualité hardie, excessive, qui va *presto*, et une rigueur, une nécessité dialectique qui ne fait point de faux pas, est inconnue par expérience au plus grand nombre des penseurs et des savants ; ils ne peuvent donc y croire quand quelqu'un en parle devant eux. Ils se représentent toute nécessité comme une peine, comme une douloureuse contrainte d'aller de l'avant, et penser même passe chez eux pour quelque chose de lent, d'hésitant, presque comme une torture et assez souvent pour une chose « digne de la *sueur* des nobles », mais point du tout pour quelque chose de léger, de divin, qui est proche parent de la danse et de la pétulance! « Penser » et prendre une chose « au sérieux » ou « pesamment », c'est tout un pour eux : ce n'est que de cette façon qu'ils l'ont « vécue ». — Les artistes possèdent peut-être ici un flair plus délicat : eux qui savent trop bien que c'est quand ils n'agissent plus volontairement, quand ils sont poussés par une impulsion nécessaire, que leur sentiment de liberté, de souplesse, de puissance, de création, de plénitude, leur sentiment de la forme arrive à son apogée, — bref que nécessité et « liberté du vouloir » se confondent alors chez eux. Il y a enfin un ordre déterminé d'états psychiques auquel correspond une hiérarchie des problèmes; et les plus hauts problèmes repoussent sans pitié tous ceux qui les approchent sans être prédestinés à leur solution par la hauteur et la puissance de leur spiritualité. A quoi cela sert-il, si ce sont des cerveaux universels et souples ou des intelligences de braves artisans ou d'empiriques, comme cela est si fréquent aujourd'hui, qui s'approchent de ces problèmes avec leur orgueil plébéien et se pressent en quelque sorte à cette « cour des cours » ! Mais des pieds grossiers ne doivent jamais se poser sur de semblables tapis, c'est ce qu'a prévu la loi primordiale des choses. Les portes restent fermées pour ces intrus, quand même ils s'y heurteraient et s'y briseraient la tête ! Il faut être né pour vivre dans tous les mondes supérieurs; plus exactement, il faut être *discipliné* pour eux. On ne possède de droits à la philosophie — dans son sens le plus large — que par grâce de naissance; les ancêtres, « la race » sont encore ici l'élément décisif. Beaucoup de générations doivent avoir préparé la naissance du philosophe; chacune de ses vertus doit avoir été acquise séparément, choyée, transmise, incarnée. Il faut connaître non seulement la marche hardie, légère, délicate et rapide de ses propres pensées, mais avant tout la disposition aux grandes responsabilités, la hauteur et la profondeur du regard impérieux, le sentiment d'être séparé de la foule, des devoirs et des vertus de la foule, la protection et la défense bienveillante de ce qui est mal compris et calomnié, que ce soit Dieu ou le diable; le penchant et l'habileté à la suprême justice, l'art du commandement, l'ampleur de la volonté, la lenteur du regard qui rarement admire, rarement se lève, et aime rarement...

CHAPITRE SEPTIÈME

NOS VERTUS

214.

Nos vertus ? — Il est vraisemblable que nous aussi, nous avons encore nos vertus, bien que ce ne soient plus, et avec raison, ces vertus candides et massives que nous honorions chez nos grands-pères, tout en les tenant un peu à distance. Nous autres Européens d'après-demain, premiers-nés du vingtième siècle, — avec toute notre curiosité dangereuse, notre complication et notre art du déguisement, notre cruauté souple et pour ainsi dire édulcorée de l'esprit et des sens, — nous n'aurons probablement pour vertus, si tant est que nous en devions avoir, que celles qui ont le mieux su s'accommoder avec nos penchants les plus secrets et les plus intimes, avec nos besoins les plus intenses. Eh bien, cherchons-les donc dans nos labyrinthes ! — où tant de choses, on le sait bien, s'égarent et si souvent se perdent. Y a-t-il rien de plus beau que de se livrer à la *recherche* de ses propres vertus ? N'est-ce pas presque déjà : *croire* en sa propre vertu ? Et cette « foi en sa vertu » — n'est-ce pas, en somme, ce qu'on appelait jadis la « bonne conscience », ce vénérable concept en queue-de-rat que nos grands-pères portaient derrière la tête, et assez fréquemment derrière la raison ? Il semble donc, si peu que nous nous figurions d'ailleurs tenir de l'ancienne mode et d'une vénérabilité ancestrale, qu'en un point pourtant nous soyons les dignes descendants de ces aïeux, nous autres derniers Européens qui possédons une bonne conscience. Nous aussi, nous portons encore leur queue-de-rat. — Hélas ! si vous saviez combien il se passera peu de temps avant qu'il en soit autrement ! —

215.

De même que, dans le système stellaire, deux soleils parfois déterminent la course d'une planète, de même que, dans certains cas, des soleils de couleurs différentes éclairent une seule planète, tantôt d'une lumière rouge, tantôt d'une lumière verte, puis de nouveau l'éclairent simultanément et la baignent de rayons multicolores, de même nous autres hommes modernes, grâce à la mécanique compliquée de notre « voûte étoilée », nous sommes déterminés par des morales *diverses ;* nos actions s'illuminent alternativement de couleurs différentes, elles ont rarement un sens unique et il arrive assez fréquemment que nous agissions d'une façon *multicolore*.

216.

Aimer ses ennemis? Je crois qu'on a bien appris cela ; on le fait aujourd'hui de mille manières, en petit et en grand ; il arrive même parfois quelque chose de plus haut et de plus sublime — nous apprenons à *mépriser* quand nous aimons et précisément quand nous aimons le mieux. Mais tout cela inconsciemment, sans bruit et sans éclat, avec cette pudeur et ce mystère du bien qui interdit de prononcer le mot solennel et la formule consacrée de la vertu. La morale comme attitude — est aujourd'hui tout à fait contraire à notre goût. C'est là un progrès ; de même que pour nos pères ce fut un progrès quand enfin la religion comme attitude devint contraire à leur goût, y compris l'inimitié et l'amertume voltairienne à l'égard de la religion (et tout le jargon et les gestes du libre-penseur de jadis). C'est la musique dans notre conscience, c'est la danse dans notre esprit, dont les litanies puritaines, les sermons de morale et la vieille honnêteté ne veulent pas s'accommoder.

217.

Se tenir en garde contre ceux qui attachent une grande importance à ce qu'on leur accorde du tact moral et de la délicatesse dans les distinctions morales : ils ne nous pardonneront jamais, s'il leur arrive de commettre une faute *devant* nous (ou envers *nous-mêmes* peut-être), alors ils deviendront inévitablement nos calomniateurs et nos détracteurs instinctifs, quand bien même ils resteraient nos « amis ». — Bienheureux les oublieux, car ils « s'en tireront », même de leurs bêtises.

218.

Les psychologues de France — y a-t-il encore aujourd'hui des psychologues ailleurs qu'en France ? — n'ont pas encore épuisé leur verve amère et multiforme contre la *bêtise bourgeoise*, comme si... Bref, c'est là le symptôme de quelque chose. Flaubert, par exemple, ce brave bourgeois de Rouen, ne voyait, n'entendait et ne sentait plus que cela à la fin : — c'était pour lui un mode de torture et de cruauté raffinée appliqué à lui-même. Maintenant, pour changer — car ce genre commence à devenir ennuyeux, — je recommande autre chose à votre enthousiasme : c'est l'astuce inconsciente que prennent à l'égard des esprits supérieurs et de leur tâche, tous les braves cerveaux, tous les esprits épais de la bonne moyenne, cette astuce délicate, crochue, jésuitique, mille fois plus subtile que l'intelligence et le goût de cette classe moyenne durant ses meilleurs moments — et même que l'intelligence de ses victimes. Ce qui prouve, une fois de plus, que « l'instinct » entre toutes les espèces d'intelligences découvertes jusqu'ici est encore l'espèce la plus intelligente. Bref, étudiez, ô psychologues, la philosophie de « la règle » en lutte avec « l'exception » : vous aurez sous les yeux un spectacle digne des dieux et de la divine malice ! Ou bien pour m'exprimer plus clairement encore : faites de la vivisection sur « l'homme bon », sur « l'*homo bonæ voluntatis* ».... sur *vous !*

219.

Le jugement et la condamnation morales sont un mode de vengeance favori chez les intelligences bornées à l'égard des intelligences qui le sont moins, c'est aussi une sorte d'indemnité que s'octroient certaines gens envers qui la nature s'est montrée avare, et c'est enfin une occasion de *gagner* de l'esprit et de la finesse. La méchanceté rend spirituel. Au fond de leur cœur, il leur est doux de voir qu'il existe un niveau qui place sur la même ligne qu'eux-mêmes les hommes comblés des biens et des privilèges de l'esprit. Ils combattent pour « l'égalité de tous devant Dieu » et, dans ce but, ils ont presque *besoin* de la foi en Dieu. C'est parmi eux que se trouvent les adversaires les plus convaincus de l'athéisme. Celui-là les mettrait en fureur qui leur dirait : « Une haute spiritualité ne se compare point avec l'honnêteté et la respectabilité, quelles qu'elles soient, chez un homme qui ne serait que purement moral. » Je me garderai bien de le faire. Je tenterais plutôt de les flatter en leur assurant qu'une haute spiritualité n'existe que comme dernier produit des qualités morales ; qu'elle est une synthèse de tous ces états que l'on prête aux hommes « purement moraux », lesquels les ont acquis, un à un, par une longue discipline, un long exercice, peut-être par toute la filière des générations; que la haute spiritualité est précisément la spiritualisation de la justice et de cette rigueur bienveillante qui se sait chargée de maintenir la *hiérarchie* dans le monde, même parmi les choses — et non pas seulement parmi les hommes.

220.

Aujourd'hui que la louange du désintéressement est si populaire, il importe de se rendre compte, non sans danger peut-être, de ce qui, pour le peuple, est sujet d'intérêt et quelles sont les choses dont se soucie véritablement et d'une façon profonde le vulgaire. Nous y comprendrons les gens cultivés, les savants et même, ou je me trompe fort, les philosophes. Il ressort de cet examen que presque tout ce qui ravit le goût délicat et raffiné, tout ce qui intéresse les natures élevées, paraît à l'homme moyen totalement « dépourvu d'intérêt ». S'il s'aperçoit quand même d'un certain attachement à ces choses il qualifiera cet attachement de *désintéressé*, et s'étonnera qu'il soit possible d'agir « d'une façon désintéressée ». Il y a eu des philosophes qui ont su prêter encore à cet étonnement populaire une expression séduisante, mystique et supraterrestre (— peut-être parce qu'ils ne connaissaient pas par expérience la nature plus élevée ? —), au lieu de présenter la vérité nue et facile et de dire franchement que l'action « désintéressée » est une action *très* intéressante et *très* intéressée, en admettant que... — « Et l'amour? » — Comment ! les actions qui ont l'amour pour mobile doivent être elles aussi « non-égoïstes »? Idiots que vous êtes.... ! « Et la louange de celui qui se sacrifie » ? — Celui qui a vraiment consommé des sacrifices sait que, par son sacrifice, il cherchait une compensation et qu'il l'a trouvée — peut-être voulait-il quelque chose de lui-même pour autre chose de lui-même, — qu'il a donné ici pour recevoir davantage là-bas, peut-être pour devenir plus, peut-être pour se sentir « plus » qu'il n'était. Mais c'est là un domaine, jalonné de questions et de réponses, où un esprit délicat n'aime pas à s'arrêter : tant la vérité est forcée d'étouffer les bâillements quand il lui faut y répondre. Car, enfin, la vérité est femme : il ne faut pas lui faire violence.

221.

Il m'arrive, disait un pédant moraliste, marchand de futilités, d'honorer et de traiter avec distinction un homme désintéressé : non pourtant parce qu'il est tel, mais parce qu'il me semble avoir le droit d'être utile à un autre homme à ses propres dépens. En un mot, il s'agit toujours de savoir qui est *celui-ci* et qui est *celui-là*. Pour celui qui aurait, par exemple, été destiné et créé en vue du commandement, l'humble effacement et l'abnégation ne seraient pas des vertus, mais le gaspillage d'une vertu, à ce qu'il me semble. Toute morale non-égoïste qui se croit absolue et s'applique à chacun ne pèche pas seulement contre le goût : elle est une excitation aux péchés d'omission, une séduction de plus sous le masque de la philanthropie — et précisément une séduction et un dommage envers les hommes supérieurs, rares et privilégiés. Il faut forcer les morales à s'incliner tout d'abord devant la *hiérarchie*, il faut leur faire prendre à cœur leur arrogance jusqu'à ce qu'elles comprennent enfin clairement qu'il est *immoral* de dire : « Ce qui est juste pour l'un l'est aussi pour l'autre. » Ainsi parlait mon *bonhomme* de pédant moraliste. Méritait-il qu'on se moquât de lui lorsqu'il rappelait les morales à la moralité? Mais il ne faut pas avoir trop raison, si l'on veut avoir les rieurs de *son* côté ; un petit soupçon de torts peut être un indice de bon goût.

222.

Partout où l'on prêche aujourd'hui la pitié, — et je ne sache pas que l'on prêche encore à présent une autre religion, — il faut que le psychologue ouvre les oreilles. A travers toutes les vanités, tout le vacarme propre à ces prêcheurs (comme à tous les prêcheurs), il entendra une voix enrouée, haletante, la vraie voix du *mépris de soi-même*. Elle provient, *si elle n'en est pas elle-même la cause*, de cet assombrissement, de cet enlaidissement de l'Europe qui, depuis un siècle déjà, ne fait que croître (et dont les premiers symptômes sont signalés dans une lettre si profonde de Galiani à madame d'Epinay). L'homme des « idées modernes », ce singe orgueilleux, est excessivement mécontent de lui-même : cela est certain. Il pâtit, et sa vanité permet seulement qu'il « com-pâtisse »...

223.

L'homme-mixture qui est l'Européen — un assez vilain plébéien, somme toute — a absolument besoin d'un costume : il lui faut l'histoire en guise de garde-robe pour ses costumes. Il s'aperçoit, il est vrai, qu'aucun costume ne lui va — il échange et entrechange sans cesse. Qu'on examine bien le dix-neuvième siècle dans ses prédilections éphémères et sa mascarade bariolée de tous les styles, et aussi dans son chagrin de s'apercevoir enfin que rien « n'est à sa mesure » — ! En vain prend-on le romantique, le classique, le chrétien, le florentin, le baroque ou le « national », *in moribus et artibus* : rien n' « habille » ! Mais l'esprit, en particulier l'« esprit historique », profite même de cette agitation désespérée. On recherche sans cesse un nouveau lambeau du passé et de l'« exotisme », on s'en affuble, puis on s'en débarrasse, mais surtout on l'*étudie*. Nous en sommes à la première période studieuse pour ce qui concerne les « costumes », c'est-à-dire les morales, les articles de croyance, les goûts des arts et les religions. Nous sommes préparés, comme on ne le fut en aucun autre temps, à un carnaval de grand style, aux plus spirituels éclats de rire et à la pétulance du mardi gras, aux hauteurs transcendantales des plus altières insanités et de la raillerie aristophanesque du monde. Peut-être découvrirons-nous précisément ici le domaine de notre *génie inventif*, le domaine où l'originalité nous est encore possible, peut-être comme parodistes de l'histoire universelle et comme polichinelles de Dieu, — peut-être que, si des choses du présent rien d'autre n'a d'avenir, notre *rire* du moins aura-t-il l'avenir pour lui !

224.

Le *sens historique* (ou la faculté de deviner rapidement la hiérarchie des appréciations d'après lesquelles un peuple, une société, un homme ont vécu; l' « instinct divinatoire » des rapports de ces appréciations, de l'autorité des valeurs à l'autorité des forces actives) : ce sens historique que nous autres Européens revendiquons comme notre spécialité, nous est venu à la suite de l'ensorcelante et folle *demi-barbarie* où l'Europe a été précipitée par

le mélange démocratique des rangs et des races.
Le dix-neuvième siècle est le premier qui connaisse ce sens devenu son sixième sens. Toutes les formes, toutes les manières de vivre, toutes les civilisations du passé, autrefois entassées les unes près des autres, les unes sur les autres, font invasion dans nos « âmes modernes », grâce à cette confusion. Nos instincts se dispersent maintenant de tous côtés, nous sommes nous-mêmes une sorte de chaos ; enfin « l'esprit », je le répète, finit par y trouver son profit. Par la demi-barbarie de notre âme et de nos désirs, nous avons des échappées secrètes de toutes espèces, telles qu'une époque noble n'en a jamais eu, surtout l'accès aux labyrinthes des civilisations incomplètes et aux enchevêtrements de toutes les demi-barbaries qu'il y eut jamais au monde. Et, dans la mesure où la part la plus importante de la culture fut jusqu'à présent une demi-barbarie, le « sens historique » signifie presque le sens et l'instinct propres à comprendre toutes choses, le goût et le tact pour toutes choses : ce qui démontre clairement que c'est un sens *sans noblesse*. Nous goûtons, par exemple, de nouveau Homère : peut-être notre progrès le plus heureux est-il de goûter Homère, ce que les hommes d'une culture noble (par exemple les Français du dix-septième siècle, comme Saint-Evremont, qui lui reproche *l'esprit vaste*, et même leur dernier écho Voltaire) ne peuvent et ne pouvaient faire aussi

facilement, — ce qu'ils osaient à peine se permettre. L'affirmation et la négation très précises de leur sens, leur dégoût très prompt, leur réserve froide au sujet de tout ce qui est étranger, leur horreur du mauvais goût, même de celui d'une vive curiosité, et, en général, la mauvaise volonté de toute civilisation noble et qui se suffit sans vouloir s'avouer un nouveau désir, le mécontentement de ce qu'on possède, l'admiration de l'étranger : tout cela les préoccupe et les prédispose à être défavorables même aux meilleures choses du monde, quand elles ne sont pas leur propre et ne *pourraient* leur servir de proie, — et aucun sens n'est plus incompréhensible pour de tels hommes que précisément le sens historique et sa basse curiosité plébéienne. Il n'en est pas autrement de Shakespeare, cette étonnante synthèse du goût hispano-mauresque et du goût saxon dont un vieil Athénien ami d'Eschyle aurait ri aux larmes s'il ne s'était pas fâché. Mais nous acceptons plutôt, avec une secrète familiarité et avec confiance, cette bigarrure sauvage, ce mélange de délicatesse, de grossièreté et de sens artificiel, nous jouissons de Shakespeare, comme du raffinement de goût le plus piquant qui nous soit réservé et nous nous laissons aussi peu troubler par les exhalaisons et l'attouchement rebutant de la populace anglaise où s'agite l'art et le goût de Shakespeare, que si nous nous trouvions sur la Chiaja de Naples, où, charmés par tous nos sens, nous suivons notre chemin de plein gré, malgré l'odeur fétide des quartiers populaires qui flotte dans l'air. Nous autres hommes du « sens historique », nous avons comme tels nos vertus, ce n'est pas contestable. Nous sommes sans prétentions, désintéressés, modestes, endurants, pleinement capables de nous dominer nous-mêmes, pleins d'abandon, très reconnaissants, très patients, très accueillants. Avec tout cela nous n'avons peut-être pas beaucoup de goût. Avouons-le en fin de compte : ce qui, pour nous autres hommes du « sens historique », est le plus difficile à saisir, à sentir, à goûter, à aimer, ce qui, au fond, nous trouve prévenus et presque hostiles, c'est précisément le point de perfection, de maturité dernière dans toute culture et tout art, la marque propre d'aristocratie dans les œuvres et les hommes, leur aspect de mer unie et de contentement alcyonien, l'éclat d'or brillant et froid qui apparaît sur toute chose achevée. Peut-être cette grande vertu du sens historique est-elle nécessairement en opposition avec le *bon* goût, ou tout au moins avec le meilleur goût, et ne pouvons-nous évoquer en nous que maladroitement, avec hésitation et contrainte, ces coups de hasard heureux, courts et brillants, ces transfigurations de la vie humaine qui pétillent un moment çà et là, ces instants merveilleux où une grande force s'arrêtait volontairement devant l'incommensurable et l'infini — où l'on jouissait d'une exubérance de joie délicate, comme si l'on était dompté et pétrifié, — immobilisé sur un sol encore tremblant. La *mesure* nous est étrangère, convenons-en ; notre joie secrète est précisément celle de l'infini, de l'immense. Semblables au cavalier sur son coursier haletant, nous laissons tomber les rênes devant l'infini, nous autres hommes modernes, demi-barbares que nous sommes, — et nous ne sommes au comble de *notre* félicité que lorsque nous courons — *le plus grand danger*.

225.

Hédonisme, Pessimisme, Utilitarisme, Eudémonisme : toutes ces manières de penser qui mesurent la valeur des choses selon le *plaisir* et la *peine* qu'elles nous procurent, c'est-à-dire d'après des circonstances accessoires, des détails secondaires, sont des évaluations de premier plan, des naïvetés sur lesquelles quiconque a conscience de ses forces *créatrices* et de ses capacités artistiques ne pourrait jeter les yeux sans dédain ni même sans pitié. Pitié pour *vous !* ce n'est pas, sans doute, la pitié comme vous l'entendez : ce n'est pas la pitié pour la « misère » sociale, pour la « société », ses malades et ses victimes, pour ceux qui sont vicieux et vaincus dès l'origine, et qui gisent autour de nous, brisés ; c'est encore moins la pitié pour ces couches sociales d'esclaves murmurants, opprimés et rebelles qui tendent tous leurs efforts vers la domination — qu'ils appellent « liberté ». *Notre* pitié est une pitié plus haute, à l'horizon plus vaste. Nous voyons comment *l'homme* s'amoindrit, comment *vous* l'amoindrissez ! — et il y a des moments où nous regardons *votre* compassion avec une angoisse indescriptible, où nous nous tournons contre cette pitié, où nous trouvons votre sérieux plus périlleux que n'importe quelle légèreté. Vous voulez, si possible — et il n'existe pas de « possible » plus insensé, — *supprimer la souffrance;* et nous ? — il semble que *nous* voulions plutôt la rendre plus intense encore et plus cruelle que jamais ! Le bien-être, comme vous l'entendez — ce n'est pas un but à nos yeux, mais une *fin !* Un état qui aussitôt rend l'homme risible et méprisable — qui fait *désirer* sa disparition ! La discipline de la souffrance, de la *grande* souffrance — ne savez-vous pas que c'est *cette* discipline seule qui, jusqu'ici, a porté l'homme aux grandes hauteurs ? Cette tension de l'âme dans le malheur, qui lui inculque la force, les frémissements de l'âme à la vue des grands cataclysmes, son ingéniosité et son courage à supporter, à braver, à interpréter, à mettre à profit le malheur et tout ce qu'elle a jamais possédé en fait de profondeur, de mystère, de masque, d'esprit, de ruse, de grandeur. N'est-ce pas au milieu de la souffrance, sous la discipline de la grande souffrance que tout cela lui a été donné ? En l'homme sent réunis *créature* et *créateur* : en l'homme, il y a la matière, le fragment, l'exubérance, le limon, la boue, la folie, le chaos ; mais en l'homme il y a aussi le créateur, le sculpteur, la dureté du marteau, la contemplation divine du septième jour. Comprenez-vous cette antithèse? Comprenez-vous que *votre* compassion va à la « créature en l'homme », à ce qui doit être formé, brisé, forgé, déchiré, rougi à blanc, épuré? — à ce qui souffrira *nécessairement*, à ce qui *doit* souffrir? Et *notre* pitié — ne comprenez-vous pas à qui s'adresse notre pitié *contraire*, quand elle se tourne contre la vôtre, comme contre le pire des amollissements, la plus funeste des faiblesses ? — Donc compassion *contre* compassion ! Mais, je le répète, il y a des problèmes plus hauts que tous ces problèmes du plaisir, de la douleur et de la pitié ; et toute philosophie qui borne là son domaine est une naïveté.

226.

Nous autres immoralistes ! — Ce monde, qui *nous* concerne, au milieu duquel *nous* avons à craindre et à aimer, ce monde presque imperceptible et invisible, ce monde du commandement délicat, de l'obéissance délicate, un monde d'« à peu près » à tous les points de vue : scabreux, captieux, pointilleux, douillet, oui ; ce monde est bien défendu contre les spectateurs grossiers et la curiosité familière! Des liens solides nous tiennent garrottés, nous

portons une camisole de force du devoir et nous
ne *pouvons* nous en dégager. C'est par là que nous
sommes « hommes du devoir », nous aussi ! Parfois, il est vrai, nous dansons dans nos « chaînes »
et parmi nos « glaives ». Plus souvent, ajoutons-le, nous grinçons des dents et nous nous révoltons contre toutes les rigueurs secrètes de notre
destinée. Mais quoi que nous fassions, les sots et
l'apparence sont contre nous et disent : « Ce sont
là des hommes *sans* devoirs ». — Nous avons toujours les sots et l'apparence contre nous.

227.

La probité, à supposer que la probité soit notre
vertu, celle dont nous ne pouvons nous défaire, nous
autres esprits libres — eh bien! nous voulons y travailler avec toute notre méchanceté et tout notre
amour, et nous ne serons jamais las de nous « perfectionner » dans *notre* vertu, la seule qui nous
soit restée. Puisse son éclat, comme un crépuscule
doré, bleuâtre et moqueur, illuminer quelque temps
encore cette culture vieillissante et son sérieux
maussade et morne. Et, si notre probité se sent un
jour fatiguée, soupire et s'étire les membres et
nous trouve trop durs et désire être traitée avec
plus de ménagement, d'une manière plus légère et
plus tendre, comme l'on fait d'un vice agréable :
demeurons *durs*, nous autres derniers stoïciens!
et envoyons à son secours ce qui reste en nous de

diabolique, — notre dégoût de la pesanteur et de l'à-peu-près, notre « *nitimur in vetitum* », notre bravoure aventureuse, notre curiosité aiguë et délicate, notre volonté de puissance et de conquête la plus subtile, la plus déguisée, la plus spirituelle, volonté qui aspire avidement à tous les domaines de l'avenir et s'enthousiasme pour eux, — courons à l'aide de notre « Dieu » avec tous nos « diables » ! Il est probable qu'à cause de cela on nous méconnaîtra, on nous calomniera. Qu'importe ! On dira : « Leur « probité » — c'est leur diablerie, et rien de plus ! » Qu'importe ! Et quand même aurait-on raison ! Tous les dieux n'étaient-ils pas jusqu'ici des démons sanctifiés et débaptisés ? Et que savons-nous enfin sur notre propre compte ? Savons-nous comment l'esprit qui nous conduit veut être *appelé* ? (C'est une affaire de noms.) Et combien d'esprits sont en nous ? Notre probité, à nous autres esprits libres, — veillons à ce qu'elle ne devienne pas notre vanité, notre parure et notre vêtement de parade, notre borne infranchissable, notre sottise ! Toute vertu tend à la sottise, toute sottise à la vertu ; « bête jusqu'à la sainteté », dit-on en Russie, — veillons à ce que notre probité ne finisse pas par faire de nous des saints et des ennuyeux ! La vie n'est-elle pas cent fois trop courte pour qu'on s'y... ennuie ? Il faudrait au moins croire à la vie éternelle pour — — —

228.

Qu'on me pardonne si j'ai découvert que jusqu'ici toute philosophie morale a été ennuyeuse et a fait partie des soporifiques, — comme aussi que rien à mes yeux ne fait plus de tort à la « vertu » que cet *ennui* répandu par ses avocats; par quoi je ne veux pas avoir méconnu l'utilité générale de ces avocats. Il importe beaucoup que ce soit le plus petit nombre d'hommes possible qui s'occupe de méditer sur la morale, — il importe donc *énormément* que la morale ne finisse pas par devenir intéressante ! Mais qu'on soit sans crainte ! Il en est aujourd'hui comme il en a toujours été : je ne vois personne en Europe qui aurait (ou *donnerait*) l'idée que la méditation au sujet de la morale pût être poussée jusqu'à devenir dangereuse, insidieuse, séduisante, — qu'elle pût contenir un *sort néfaste*. Considérez, par exemple, les infatigables et inévitables utilitaires anglais, comme ils marchent et cheminent (une comparaison homérique serait plus claire) lourdement et gravement sur les traces de Bentham, qui lui-même marchait sur les traces de l'honorable Helvétius (oh non ! ce n'était pas là un homme dangereux, cet Helvétius, ce *sénateur Pococurante*, pour employer l'expression de Galiani —). Aucune pensée nouvelle, rien d'une tournure plus délicate ou du déploiement d'une pensée ancienne, pas même une véritable histoire de ce qui fut pensé jadis. Une littérature *impossible*, somme toute, si l'on ne s'entend pas à y jeter l'amertume d'un peu de méchanceté. Car dans ces moralistes (qu'il faut lire absolument avec des arrière-pensées, s'il *faut* les lire —) s'est aussi glissé ce vieux vice anglais qui s'appelle le *cant*, et qui est une *tartuferie morale*, mais caché cette fois-ci sous une nouvelle apparence scientifique. Il y a aussi chez eux une résistance secrète contre les remords dont, comme de raison, doit souffrir une race d'anciens puritains qui s'occupe de la science de la morale. (Un moraliste n'est-il pas l'antithèse d'un puritain, quand, bien entendu, ce penseur est un moraliste qui regarde la morale comme une chose douteuse, énigmatique, bref comme un problème? Moraliser ne serait-ce pas... une chose immorale?) Au fond, tous les moralistes sont résolus à donner raison à la moralité *anglaise*, dans la mesure où cette morale sera utile à l'humanité ou à l' « utilité publique », ou au « bonheur du plus grand nombre », non : au *bonheur de l'Angleterre*. Ils voudraient à toute force se persuader que l'effort vers le *bonheur anglais*, je veux dire le *comfort* et la *fashion* (et en dernière instance vers un siège au Parlement), que tout cela se trouve précisément sur le sentier de la vertu, enfin que toute vertu qui a jamais existé dans le monde s'est toujours incarnée dans un tel effort. Aucune de ces pesantes bêtes de troupeau, à la conscience troublée (qui ont entrepris de faire regarder la cause de l'égoïsme comme celle du bien-être général —) n'a jamais voulu comprendre et flairer que le « bien-être général » n'est pas un idéal, un but, une chose concevable d'une façon quelconque, mais tout simplement un vomitif, que ce qui est juste pour l'un ne *peut* être juste pour l'autre, que la prétention d'*une* morale pour tous est précisément un préjudice porté à l'homme supérieur, bref, qu'il existe une *hiérarchie* entre homme et homme, et par conséquent aussi entre morale et morale. C'est une espèce d'homme modeste et foncièrement médiocre que ces Anglais utilitaires ; et, je le répète, tant qu'ils sont ennuyeux on ne peut tenir en assez haute estime leur utilité. On devrait encore les *encourager*, ce qu'on a tenté de faire, en partie, dans les vers suivants :

> Salut à vous, braves charretiers,
> Toujours « le plus longtemps sera le mieux »,
> Toujours plus raides de la tête et des genoux,
> Sans enthousiasme ni plaisanterie,
> Irrémédiablement médiocres,
> *Sans génie et sans esprit !*

229.

Les époques tardives, qui auraient le droit d'être fières de leur humanité, gardent encore tant de crainte, tant de *superstition* craintive au sujet de la « bête sauvage et cruelle » dont l'assujettissement fait la gloire de cette époque plus humaine, que les vérités les plus tangibles restent même inexprimées pendant des siècles, comme si l'on s'était donné le mot pour cela, parce qu'elles semblent vouloir rendre l'existence à cette bête sauvage enfin mise à mort. Je suis peut-être bien hardi de laisser échapper une telle vérité. Puissent d'autres la reprendre et lui faire boire tant de « lait des pieuses vertus » (1) qu'elle en restera tranquille et oubliée dans son coin! — Il faut qu'on change d'idée au sujet de la cruauté et qu'on ouvre les yeux. Il faut qu'on apprenne enfin à être impatient, afin que de grosses et immodestes erreurs de cette espèce ne se pavanent plus insolemment avec leur air de vertu, des erreurs comme celles qu'ont nourries par exemple les philosophes anciens et modernes au sujet de la tragédie. Presque tout ce que nous appelons « culture supérieure » repose sur la spiritualisation et l'approfondissement de la *cruauté*, — telle est ma thèse. Cette « bête sauvage » n'a pas été tuée; elle vit, elle prospère, elle s'est seulement... divinisée. Ce qui produit la volupté douloureuse de la tragédie, c'est la cruauté; ce qui produit une impression agréable dans ce qu'on appelle pitié tragique, et même dans tout ce qui est sublime, jusque dans les plus hauts et les plus délicieux frémissements de la métaphysique, tire sa douceur uniquement des ingrédients

(1) Expression proverbiale en Allemagne, tirée du *Guillaume Tell* de Schiller. — N. d. T.

de cruauté qui y sont mêlés. Les Romains, dans les spectacles du cirque, les chrétiens dans le ravissement de la Croix, les Espagnols à la vue des bûchers et des combats de taureaux, les Japonais modernes qui se pressent au théâtre, les ouvriers parisiens des faubourgs qui ont la nostalgie des révolutions sanglantes, la wagnérienne qui « laisse passer sur elle », avec sa volonté démontée, la musique de *Tristan et Yseult*, — ce dont tous ils jouissent, ce qu'ils cherchent à boire avec des lèvres mystérieusement altérées, c'est le philtre de la grande Circé « cruauté ». Pour comprendre cela il faut bannir, il est vrai, la sotte psychologie de jadis qui sur la cruauté ne sut enseigner qu'une seule chose : c'est qu'elle naît à la vue de la souffrance d'*autrui*. Il y a une jouissance puissante, débordante à assister à ses propres souffrances, à se faire souffrir soi-même, — et partout où l'homme se laisse entraîner jusqu'à l'abnégation (au sens *religieux*), ou à la mutilation de son propre corps, comme chez les Phéniciens et les ascètes, ou en général au renoncement de la chair, à la macération et à la contrition, aux spasmes puritains de la pénitence, à la vivisection de la conscience, au *sacrifizio dell' intelletto* de Pascal, — il est attiré secrètement par sa propre cruauté, tournée *contre elle-même*. Que l'on considère enfin que le Connaisseur lui-même, tandis qu'il force son esprit à la connaissance, contre le penchant de l'esprit et souvent même contre le vœu de son cœur, — c'est-à-dire à nier, alors qu'il voudrait affirmer, aimer, adorer, — agit comme artiste et transfigure la cruauté. Toute tentative d'aller au fond des choses, d'éclaircir les mystères est déjà une violence, une volonté de faire souffrir, la volonté essentielle de l'esprit qui tend toujours vers l'apparence et le superficiel, — dans toute volonté de connaître il y a une goutte de cruauté.

230.

Peut-être ne comprend-on pas à première vue ce que j'ai dit de la « volonté essentielle de l'esprit » : qu'on me permette donc un mot d'explication. — Ce quelque chose qui commande, que le peuple a appelé « esprit », veut être maître et se sentir maître en soi et autour de soi. Il a la volonté de parvenir de la diversité à l'unité, une volonté qui restreint, qui assujettit, qui a soif de dominanation et qui est vraiment faite pour dominer. Ses besoins et ses qualités sont les mêmes que ceux reconnus par les physiologistes dans tout ce qui vit, croît et se multiplie. La puissance de l'esprit à s'assimiler les éléments étrangers se révèle par un penchant énergique à rapprocher le nouveau de l'ancien, à simplifier ce qui est multiple, à négliger ou à rejeter ce qui est en contradiction complète. De même ce penchant soulignera et relèvera plus énergiquement et d'une façon arbitraire, pour les fausser à son usage, certains traits et certaines lignes de tout ce qui lui est étranger, de tout ce qui fait partie du « monde extérieur ». Il manifeste ainsi l'intention d'incorporer de nouvelles « expériences », d'enregistrer des choses nouvelles dans les cadres anciens, — c'est là, en somme, l'accroissement, ou plus exactement encore le *sentiment* de l'accroissement, le sentiment de la force accrue. Au service de cette volonté se trouve une tendance, opposée en apparence, de l'esprit, une résolution soudaine d'ignorer, de s'isoler arbitrairement, de fermer ses fenêtres, une négation interne de telle ou telle chose, une défense de se laisser aborder, une sorte de posture défensive contre beaucoup de choses connaissables, un contentement de l'obscurité, de l'horizon borné, une affirmation et une approbation de l'ignorance : tout cela est nécessaire, dans la mesure de son pouvoir d'assimilation, de sa « force de digestion », au figuré bien entendu. — D'ailleurs « l'esprit » ressemble à un estomac plus qu'à toute autre chose. De même il faut nommer ici la volonté occasionnelle de l'esprit de se laisser tromper, peut-être avec la malicieuse arrière-pensée qu'il n'en est *pas* ainsi, mais qu'on ne fait que garder les apparences. Peut-être y a-t-il ici un plaisir causé par l'incertitude et l'amphibologie, une jouissance intime et joyeuse dans l'étroitesse et le mystère voulus d'un petit coin, plaisir d'un voisinage trop proche, d'une poussée au premier plan, à l'agrandissement, au rapetissement, à l'embellissement, au déplacement, jouissance intime causée par l'arbitraire de toutes ces manifestations de puissance. Enfin, il faut mentionner encore cet inquiétant empressement de l'esprit à tromper d'autres esprits et à se déguiser devant eux, cette pression et cette poussée constantes d'une force créatrice, formatrice, changeante. L'esprit goûte là sa faculté d'astuce, de travestissement compliqué; il y goûte aussi le sentiment de sa sécurité. Précisément à cause de ses tours de Protée il est fort bien défendu et caché! — A *cette* volonté d'apparence, de simplification, de masque, de manteau, de surface — car toute surface est un manteau — *s'oppose* ce penchant sublime de celui qui cherche la connaissance, ce penchant qui prend et *veut* prendre les choses d'une façon profonde, multiple, dans leur essence. C'est comme une sorte de cruauté de la conscience et du goût intellectuels que tout esprit hardi reconnaîtra en lui-même, bien entendu si, comme il convient, il a assez longtemps endurci et aiguisé son œil et s'il s'est habitué à une sévère discipline et à un langage sévère. Il dira : « Il y a quelque chose de cruel dans la tendance de mon esprit ». Que les vertueux et les gens aimables cherchent à lui prouver qu'il a tort! En effet, il y aurait plus d'amabilité, au lieu de nous attribuer de la cruauté, à faire courir le bruit par exemple de notre « extravagante probité », dont on nous ferait gloire

— à nous autres esprits libres, *très* libres — et ce sera peut-être *là* vraiment notre... gloire posthume. En attendant — car jusqu'à cette époque nous avons du temps devant nous — nous ne devrions guère être tentés de nous parer nous-mêmes de ce clinquant d'expressions morales. Toute notre activité passée nous interdit précisément cette tendance et sa joyeuse volupté. Ce sont de beaux mots solennels, étincelants, cliquetants : probité, amour de la vérité, amour de la sagesse, sacrifice à la connaissance, héroïsme de la véracité, — il y a là quelque chose qui fait battre le cœur d'orgueil. Mais nous autres ermites et marmottes, nous nous sommes depuis longtemps persuadés, dans le secret de notre conscience d'ermite, que cette digne parade de grands mots fait partie des vieux ornements, de la vieille poussière, des antiquailles du mensonge et de l'inconsciente vanité humaine et que, sous ces couleurs flatteuses et cette retouche trompeuse, il faut encore reconnaître le terrible texte original *homo natura*. Retransporter l'homme dans la nature ; se rendre maître des nombreuses interprétations vaines et trompeuses dont le texte original *homo natura* a été recouvert et maquillé ; faire que désormais l'homme paraisse devant l'homme, comme aujourd'hui déjà, endurci par la discipline de la science, il paraît devant l'*autre* nature, avec les yeux intrépides d'un Œdipe et les oreilles bouchées d'un Ulysse, sourd aux appeaux des oiseleurs métaphysiciens qui lui ont chanté trop longtemps : « Tu es davantage ! tu viens de plus haute, d'une autre origine » ! — Cela peut être une tâche étrange et insensée, mais c'est une *tâche* — qui pourrait le nier ! Pourquoi nous la choisissons, cette tâche insensée? Ou, en d'autres termes : « Pourquoi, en somme, chercher la connaissance? » Tout le monde nous le demandera. Et nous, pressés de telle sorte, nous qui nous sommes posé cent fois cette même question, nous n'avons trouvé et nous ne trouvons aucune réponse meilleure. ——

231.

L'étude nous transforme. Elle fait ce que fait toute nouriture qui ne « conserve » pas seulement, — comme le physiologiste vous le dira. Mais, au fond de nous-mêmes, tout au fond, il se trouve quelque chose qui ne peut être rectifié, un rocher de fatalité spirituelle, de décisions prises à l'avance, de réponses à des questions déterminées et résolues d'avance. A chaque problème fondamental s'attache un irréfutable : « Je suis cela ». Au sujet de l'homme et de la femme, par exemple, un penseur ne peut changer d'avis, il ne peut qu'apprendre d'avantage, — poursuivre jusqu'à la fin la découverte de ce qui était « chose arrêtée » en lui. On trouve de bonne heure certaines solutions de problèmes qui raffermissent *notre* foi. Peut-être les appelle-t-on ensuite des « convictions ». Plus tard.... on ne voit dans ces solutions qu'une piste de la connaissance de soi, des indices du problème que nous *sommes*, — plus exactement de la grande bêtise que nous sommes, de notre fatalité spirituelle, de *l'intraitable* qui est en nous « là tout au fond ».— A cause de cette grande amabilité dont j'ai fait preuve à mon propre égard, on me permettra peut-être ici de formuler quelques vérités sur « la femme en soi » : en admettant que l'on sache au préalable jusqu'à quel point ce ne sont là que — mes *propres* vérités. —

232.

La femme veut s'émanciper : et à cause de cela elle se met à éclairer l'homme sur « la femme en soi ». — C'est là un des progrès les plus déplorables de l'*enlaidissement* général de l'Europe. Car que peuvent produire ces gauches essais d'érudition féminine et de dépouillement de soi ! La femme a tant de motifs d'être pudique. Elle cache tant de choses pédantes, superficielles, scolastiques, tant de présomption mesquine, de petitesse immodeste et effrénée, — qu'on examine seulement ses rapports avec les enfants ! — C'est au fond la *crainte* de l'homme qui jusqu'ici a retenu et réprimé tout cela. Malheur à nous si jamais les qualités « éternellement ennuyeuses de la femme » — dont elle est si riche — osent se donner carrière ! si la femme commence à désapprendre foncièrement et par principe sa perspicacité et son art, celui de la grâce et du jeu, l'art de chasser les soucis, d'alléger les peines et de les prendre à la légère, son habileté délicate pour les passions agréables ! Déjà se font entendre des voix féminines, qui, par saint Aristophane ! font frémir. On explique avec une clarté médicale ce que la femme *veut* en premier et en dernier lieu de l'homme. N'est-ce pas une preuve de suprême mauvais goût que cette furie de la femme à vouloir devenir scientifique ! Jusqu'à présent, Dieu merci, l'explication était l'affaire des hommes, un don masculin — on restait ainsi « entre soi » ; il faut d'ailleurs être très méfiant au sujet de ce que les femmes écrivent sur « la femme » et se demander si la femme *veut* vraiment un éclaircissement sur elle-même — et *peut* le vouloir... Si la femme ne cherche pas ainsi une nouvelle *parure* — je crois que la parure fait partie de l'éternel féminin — eh bien ! alors elle veut se faire craindre, c'est peut-être pour elle un moyen de dominer. Mais elle ne *veut* pas la vérité. Qu'importe la vérité à la femme ? Rien n'est dès l'origine plus étranger, plus antipathique, plus odieux à la femme que la vérité. Son grand art est le mensonge, sa plus haute préoccupation est l'apparence et la beauté. Avouons-le, nous autres hommes, nous honorons et aimons précisément *cet* art et *cet* instinct chez la femme, nous qui avons la tâche difficile et qui nous unissons volontiers, pour notre soulagement, à des êtres dont les mains, les regards, les tendres folies font apparaître presque comme des erreurs notre gravité, notre profondeur. Enfin je pose la question : jamais une femme a-t-elle accordé la profondeur à un cerveau de femme, à un cœur de femme la justice ? Et n'est-il pas vrai que, tout compte fait, « la femme » a surtout été mésestimée par les femmes et non par nous ? — Nous autres hommes, nous souhaitons que la femme ne continue pas à se compromettre par des éclaircissements. Car c'était affaire de l'homme de veiller à la femme et de la ménager, quand l'Eglise décrétait : *mulier taceat in ecclesia.* C'était pour le bien de la femme que Napoléon donna à entendre à la trop diserte Madame de Staël : *mulier taceat in politicis !* — et je crois qu'un véritable ami des femmes est celui qui crie aujourd'hui aux femmes : *mulier taceat de muliere!*

233.

C'est preuve de corruption dans l'instinct — sans parler de la corruption du goût — quand une femme s'autorise de Madame Roland, ou de Madame de Staël, ou de Monsieur George Sand, comme s'il était possible de prouver ainsi quelque chose en *faveur* de « la femme en soi ». Aux yeux des hommes ce trio est précisément celui des femmes comiques par excellence, — rien de plus ! Et cet argument tourne involontairement à la confusion de la thèse d'émancipation et de domination féminines.

234.

La stupidité dans la cuisine; la femme comme cuisinière; l'effroyable irréflexion qui préside à la nourriture de la famille et du maître de la maison! La femme ne comprend pas ce que *signifie* la nourriture et elle veut être cuisinière! Si la femme était une créature pensante, cuisinant déjà depuis des milliers d'années, elle aurait dû faire les découvertes physiologiques les plus importantes et réduire en son pouvoir l'art de guérir! A cause des mauvaises cuisinières — à cause du manque complet de bon sens dans la cuisine, le développement de l'homme a été retardé et entravé le plus longtemps : et il n'en est guère mieux aujourd'hui. Discours pour un pensionnat de jeunes filles.

235.

Il y a des tours et des jets d'esprits, il y a des sentences, une petite poignée de mots en qui toute une culture, toute une société se cristallise tout à coup. Je songe à ce mot de madame Lambert jeté au hasard à son fils : « *Mon ami, ne vous permettez jamais que des folies qui vous fassent plaisir* ». — Soit dit en passant, le mot le plus maternel et le plus judicieux qu'on ait jamais adressé à son fils.

236.

L'opinion de Dante et de Gœthe sur la femme — exprimée par le premier dans ce vers : « *Ella guardava suso, ed io in lei* » — ce que le second traduisit par : « L'éternel féminin nous attire *en haut* », — soulèvera certainement la contradiction de toute femme noble de caractère, car elle a *précisément* cette opinion sur l'éternel masculin...

237.

Sept petits dictons de femmes.

Le plus pesant ennui s'envole dès qu'un homme se met à nos pieds.

*

Vieillesse, hélas! et science donnent force à faible vertu.

*

Vêtement sombre et discrétion habillent la femme... de raison.

*

A qui je suis reconnaissante dans l'heureuse fortune ? A Dieu!... et à ma couturière.

*

Jeune elle est un berceau de fleurs. Vieille une caverne d'où sort un dragon.

Noble nom, jambe bien faite, homme avec cela : ah! s'il était le mien!

*

Parole brève, sens profond... verglas pour la sotte.

237 b.

Les femmes ont jusqu'à présent été traitées par les hommes comme des oiseaux qui, descendus d'une hauteur quelconque, se sont égarés parmi eux : comme quelque chose de délicat, de fragile, de sauvage, d'étrange, de doux, de ravissant, — mais aussi comme quelque chose qu'il faut mettre en cage, de peur qu'il ne s'envole.

238.

Se tromper au sujet du problème fondamental de l'homme et de la femme, nier l'antagonisme profond qu'il y a entre les deux et la nécessité d'une tension éternellement hostile, rêver peut-être de droits égaux, d'éducation égale, de prétentions et de devoirs égaux, voilà les indices *typiques* de la platitude d'esprit. Un penseur qui, dans cette dangereuse question, s'est montré superficiel — superficiel dans l'instinct ! — doit passer pour suspect d'une façon générale. Mais il se trahit et se dévoile aussi. Pour toutes les questions essentielles de la vie et de la vie future, son jugement sera vraisemblablement trop « court » et il ne pourra les atteindre dans leurs profondeurs. Un homme, au contraire, qui possède de la profondeur, dans l'esprit comme dans les désirs, et aussi cette profondeur de la bienveillance qui est capable de sévérité et de dureté et qui en a facilement l'allure, ne pourra jamais avoir de la femme que l'opinion *orientale*. Il devra considérer la femme comme propriété, comme objet qu'on peut enfermer, comme quelque chose de prédestiné à la domesticité et qui y accomplit sa mission, — il devra se fonder ici sur la prodigieuse raison de l'Asie, sur la supériorité de l'instinct de l'Asie, comme ont fait jadis les Grecs, ces meilleurs héritiers, ces élèves de l'Asie, — ces Grecs qui, comme on sait, depuis Homère jusqu'à l'époque de Périclès, ont fait marcher de pair, avec le *progrès* de la culture et l'accroissement de la force physique, la *rigueur* envers la femme, une rigueur toujours plus orientale. *Combien* cela était nécessaire, logique et même désirable au point de vue humain, il est à souhaiter qu'on y réfléchisse dans l'intimité.

239.

A aucune époque le sexe faible n'a été traité avec autant d'égards de la part des hommes qu'à notre époque. C'est une conséquence de notre penchant et de notre goût foncièrement démocratiques, tout comme notre manque de respect pour la vieillesse. Faut-il s'étonner si ces égards ont dégénéré en abus? On veut davantage, on apprend à exiger, on trouve enfin ce tribut d'hommages presque blessant, on préférerait la rivalité des droits, le véritable combat. En un mot, la femme perd de sa pudeur. Ajoutons de suite qu'elle perd aussi le goût. Elle désapprend de *craindre* l'homme. Mais la femme qui « désapprend la crainte » sacrifie ses instincts les plus féminins. Que la femme devienne hardie, quand ce qui inspire la crainte en l'homme, ou plus exactement quand l'*homme* en l'homme n'est plus voulu et discipliné par l'éducation, c'est assez juste et aussi assez compréhensible. Ce qui est plus difficilement compréhensible, c'est que par là même... la femme dégénère. C'est ce qui arrive aujourd'hui : ne nous y trompons pas ! Partout où l'esprit industriel a remporté la victoire sur l'esprit militaire et aristocratique, la femme tend à l'indépendance économique et légale d'un commis. « La femme commis » se tient à la porte de la société moderne en voie de formation. Tandis qu'elle s'empare ainsi de nouveaux droits, tandis qu'elle s'efforce de devenir « maître » et inscrit le « progrès » de la femme sur son drapeau, elle aboutit au résultat contraire avec une évidence terrible : *la femme recule*. Depuis la Révolution française l'influence de la femme a *diminué* dans la mesure où ses droits et ses prétentions ont augmenté; et l'émancipation de la femme, à quoi aspirent les femmes elle-mêmes (et non seulement de superficiels cerveaux masculins), apparaît comme un remarquable symptôme de l'affaiblissement et de l'énervement croissants des instincts vraiment féminins. Il y a de la *bêtise* dans ce mouvement, une bêtise presque masculine, dont une femme saine — qui est toujours une femme sensée — aurait eu honte au fond du cœur. Perdre le flair des moyens qui conduisent le plus sûrement à la victoire; négliger l'exercice de son arme véritable; se laisser aller devant l'homme, peut-être « jusqu'au livre », là où jadis on gardait la discipline et une humilité fine et rusée; ébranler, avec une audace vertueuse, la foi de l'homme en un idéal foncièrement différent *caché* dans la femme, en un éternel féminin quelconque et nécessaire; enlever à l'homme, avec insistance et abondance, l'idée que la femme doit être nourrie, soignée, protégée et ménagée comme un animal domestique, tendre, étrangement sauvage et souvent agréable; rassembler maladroitement et avec indignation tout ce qui rappelait l'esclavage et le servage dans la situation qu'occupait et qu'occupe encore la femme dans l'ordre social (comme si l'esclavage était un argument contre la haute culture et non pas un argument en sa faveur, une condition de toute élévation de la culture); de quoi tout cela nous est-il la révélation, sinon d'une déchéance (: l'instinct féminin, d'une mutilation de la femme? Sans doute, il existe, parmi les ânes savants du sexe masculin, assez d'imbéciles, amis et corrupteurs des femmes, qui conseillent à ces dernières de dépouiller la femme et d'imiter toutes les bêtises dont souffre aujourd'hui en Europe « l'homme », la « virilité » européenne, — qui aimerait avilir la femme jusqu'à la « culture générale », ou même jusqu'à la lecture des journaux et jusqu'à la politique. On veut même, de ci de là, changer les femmes en libres-penseurs et en gens de lettres. Comme si la femme, sans piété, n'était pas pour l'homme profond et impie une chose parfaitement choquante et ridicule. On gâte presque partout leurs nerfs avec la plus énervante et la plus dangereuse musique qui soit (notre musique allemande moderne). On les rend de jour en jour plus hystériques et plus inaptes à remplir leur première et dernière fonction, qui est de mettre au monde des enfants solides. On veut les « cultiver » encore davantage et, comme on dit, *fortifier* « le sexe faible » par la culture : comme si l'histoire ne nous montrait pas, aussi clairement que possible, que la « culture » de l'être humain et son affaiblissement — c'est-à-dire l'affaiblissement, l'éparpillement, la déchéance *de la volonté* — ont toujours marché de pair et que les femmes les plus puissantes du monde, celles qui ont eu le plus d'influence (comme la mère de

Napoléon) étaient redevables de leur puissance et de leur empire sur les hommes à la force de volonté — et non à des maîtres d'école! Ce qui, chez la femme, inspire le respect et souvent la crainte, c'est sa *nature*, qui est « plus naturelle » que celle de l'homme, sa souplesse et sa ruse de fauve, sa griffe de tigresse sous le gant, sa naïveté dans l'égoïsme, la sauvagerie indomptable de son instinct, l'immensité insaisissable et mobile de ses passions et de ses vertus... Ce qui, malgré la crainte qu'on éprouve, excite la pitié pour cette chatte dangereuse et belle — « la femme » — c'est qu'elle paraît être plus apte à souffrir, plus fragile, plus assoiffée d'amour, et condamnée à la désillusion plus qu'aucun autre animal. La crainte et la pitié : animé de ces deux sentiments, l'homme s'est arrêté jusqu'à présent devant la femme, un pied déjà dans la tragédie qui, tandis qu'elle vous ravit, vous déchire aussi —. Eh quoi! cela finirait-il ainsi? Est-on en train de *rompre le charme* de la femme? Se met-on lentement à la rendre ennuyeuse? O Europe! Europe! On connaît la bête à cornes qui a toujours eu pour toi le plus d'attraits, et que tu as encore à redouter! Ton antique légende pourrait, une fois de plus, devenir de « l'histoire » — une fois encore une prodigieuse bêtise pourrait s'emparer de ton esprit et t'entraîner! Et nul dieu ne se cacherait en elle, non! rien qu'une « idée », une « idée moderne »! — —

CHAPITRE HUITIÈME

PEUPLES ET PATRIES

240.

J'ai entendu de nouveau — et ce fut de nouveau comme si je l'entendais pour la première fois, l'ouverture des *Maîtres Chanteurs*, de Richard Wagner : c'est là un art magnifique, surchargé, pesant et tardif qui ose, pour être compris, supposer vivants encore deux siècles de musique; et il est à l'honneur des Allemands qu'une pareille audace se soit trouvée légitime. Quelle richesse de sèves et de forces, que de saisons et de climats sont ici mêlés ! Cette musique vous a tantôt un air vieillot, et tantôt un air étrange, acide et trop vert; elle est à la fois fantaisiste et pompeusement traditionnelle, quelquefois malicieuse et spirituelle, plus souvent encore âpre et grossière, — comme elle a du feu et de l'entrain et, en même temps, la peau flasque et pâle des fruits qui mûrissent trop tard ! Elle coule, large et pleine, puis c'est soudain un moment inexplicable d'hésitation, comme une trouée qui s'ouvre entre la cause et l'effet, une oppression de songes, presque un cauchemar; — mais voici que déjà s'étend et s'élargit de nouveau le flot de bien-être, de bien-être multiple, de bonheur ancien et nouveau, et il s'y mêle largement la joie que l'artiste se donne à lui-même et dont il ne se cache point, sa surprise ravie à se sentir maître des ressources d'art qu'il met en œuvre, ressources d'art neuves et vierges, comme il semble nous le faire entendre. Tout compte fait, point de beauté, point de Midi, rien de la fine clarté du ciel méridional, rien qui rappelle la grâce, point de danse, à peine un effort de logique une insistance appuyée, pesante comme à dessein ; une dextérité de lourdaud, une fantaisie et un luxe de sauvage, un fouillis de dentelles et de préciosités pédantesques et surannées, quelque chose d'allemand, au meilleur et au pire sens du mot, une chose qui est, à la manière allemande, complexe, informe, inépuisable, une certaine puissance, proprement germanique, et une plénitude débordante de l'âme qui ne craint point de se dérober sous les *raffinements* de la décadence, — qui peut-être ne se sent vraiment à l'aise que là, une expression exacte et authentique de l'âme allemande, à la fois jeune et vieillotte, à la fois plus que mûre et trop riche d'avenir ; ce genre de musique traduit mieux qu'aucune chose ce que je pense des Allemands : ils sont d'avant-hier et d'après-demain, — *ils n'ont pas encore d'aujourd'hui.*

241.

Nous autres « bons Européens », nous aussi nous avons des heures où nous nous permettons un patriotisme plein de courage, un bond et un retour à de vieilles amours et de vieilles étroitesses — je viens d'en donner une preuve, — des heures d'effervescence nationale, d'angoisse patriotique, des heures où bien d'autres sentiments antiques nous submergent. Des esprits plus lourds que nous mettront plus de temps à en finir de ce qui chez nous n'occupe que quelques heures et se passe en quelques heures : pour les uns, il faut la moitié d'une année, pour les autres la moitié d'une vie humaine, selon la rapidité de leurs facultés d'assimilation et de renouvellement. Je saurais même me figurer des races épaisses et hésitantes, qui, dans notre Europe hâtive, auraient besoin de demi-siècles pour surmonter de tels excès de patriotisme atavique et d'attachement à la glèbe, pour revenir à la raison, je veux dire au « bon européanisme », tandis que mon imagination s'étend sur cette possibilité, il m'arrive d'être témoin de la conversation de deux vieux « patriotes » : ils avaient évidemment tous deux l'oreille dure et n'en parlaient que plus haut : « *Celui-là* (1) ne s'entend pas plus en philosophie que n'importe quel paysan ou qu'un étudiant de corporation — disait l'un d'eux ; il est encore bien innocent. Mais qu'importe aujourd'hui ! nous sommes à l'époque des masses, les masses se prosternent devant tout ce qui se présente en masse, en

(1) Il s'agit de Bismarck. — N. d. T.

politique comme ailleurs. Un homme d'État qui leur élève une nouvelle tour de Babel, un monstre quelconque d'Empire et de puissance, s'appelle « grand » pour eux : — qu'importe que nous autres, qui sommes plus prudents et plus réservés, nous n'abandonnions provisoirement pas encore la croyance ancienne que seule la grandeur de la pensée fait la grandeur d'une action ou d'une chose. Supposé qu'un homme d'État mette son peuple dans la situation de faire dorénavant de la « grande politique », ce à quoi il est, de nature, mal doué et mal préparé : il aurait alors besoin de sacrifier ses vieilles et sûres vertus pour l'amour de nouvelles médiocrités douteuses, — en admettant qu'un homme d'État condamne son peuple à faire la politique d'une façon générale, tandis que ce peuple avait jusqu'à présent mieux à faire et à penser et qu'au fond de son âme il ne pouvait se débarrasser du dégoût plein de méfiance que lui inspirait l'agitation, le vide, l'esprit bruyant et querelleur des peuples vraiment politiques : — en admettant qu'un tel homme d'État aiguillonne les passions et les convoitises latentes de son peuple, qu'il lui fasse un reproche de sa timidité d'hier et de son plaisir à rester spectateur, un crime de son exotisme et de son goût secret de l'infini, qu'il déprécie devant lui ses penchants les plus intimes, qu'il lui retourne sa conscience, qu'il rende son esprit étroit, son goût « national », — comment ! un homme d'État qui ferait tout cela, un homme dont un peuple devrait expier les fautes jusque dans l'avenir le plus lointain, en admettant qu'il ait un avenir, un tel homme serait *grand ?* — Indubitablement ! lui répondit vivement l'autre vieux patriote : autrement il n'aurait pas *pu* faire ce qu'il a fait ! C'était peut-être fou de vouloir cela, mais peut-être que tout ce qui est grand a commencé par être fou ! — Quel abus des mots ! s'écria son interlocuteur : — fort ! fort ! fort et fou, mais pas grand ! » — Les deux vieux s'étaient visiblement échauffés en se jetant de la sorte leurs vérités à la tête. Mais moi, dans mon bonheur et dans mon au-delà, je me disais que bientôt de cette force triompherait une autre force ; et aussi qu'il y a une compensation à l'aplatissement d'un peuple ; c'est qu'un autre peuple devienne plus profond. —

242.

Qu'on appelle « civilisation », ou « humanisation », ou « progrès » ce qui distingue aujourd'hui les Européens ; qu'on appelle cela simplement, sans louange ni blâme, avec une formule politique, le mouvement *démocratique* en Europe : derrière tous les premiers plans politiques et moraux, désignés par une telle formule, s'accomplit un énorme processus *physiologique*, dont le mouvement grandit chaque jour, — le phénomène du rapprochement des Européens, des Européens qui s'éloignent de plus en plus des conditions qui font naître des races liées par le climat et les mœurs, et qui s'affranchissent chaque jour davantage de tout *milieu défini* qui voudrait s'implanter pendant des siècles, dans les âmes et dans les corps, avec les mêmes revendications, — donc la lente apparition d'une espèce d'hommes essentiellement *surnationale* et nomade qui, comme signe distinctif, possède, physiologiquement parlant, un maximum de faculté et de force d'assimilation. Ce phénomène de *création de l'Européen*, qui pourra être retardé dans son allure par de grands retours en arrière, mais qui, par cela même, gagnera peut-être et grandira en véhémence et en profondeur — l'impétuosité toujours vivace du « sentiment national » en fait partie, de même l'anarchisme montant — : ce phénomène aboutira probablement à des résultats que les naïfs promoteurs et protagonistes, les apôtres de l' « idée moderne », voudraient le moins faire entrer en ligne de compte. Ces mêmes conditions nouvelles qui aboutiront en moyenne au nivellement et à l'abaissement de l'homme — de la bête de troupeau homme, habile, laborieuse, utile et utilisable de façon multiple, — ces conditions sont au plus haut degré aptes à produire des êtres d'exception, de la qualité la plus dangereuse et la plus attrayante. Car, tandis que cette faculté d'assimilation qui traverse des conditions sans cesse variantes, et qui commence un nouveau travail avec chaque génération, presque tous les dix ans, rend impossible la *puissance* du type; tandis que l'esprit général de ces Européens de l'avenir sera probablement celui de ces ouvriers bavards, pauvres de volonté et très adroits qui ont *besoin* du maître et du chef comme du pain quotidien ; donc, tandis que la démocratisation de l'Europe aboutira à la création d'un type préparé à *l'esclavage*, au sens le plus subtil, dans les cas uniques et exceptionnels, l'homme fort deviendra nécessairement plus fort et plus riche qu'il ne l'a peut-être jamais été jusqu'à présent, — grâce au manque de préjugés de son éducation, grâce aux facultés multiples qu'il possédera dans l'art de dissimuler, et les usages du monde. Je voulais dire : la démocratisation en Europe et en même temps une involontaire préparation à faire naître des *tyrans*, — ce mot entendu dans tous les sens, même au sens le plus intellectuel.

243.

J'ai appris avec plaisir que notre soleil se dirige d'un mouvement rapide vers la constellation d'*Hercule*. Et j'espère que nous autres humains qui habitons la terre nous faisons comme le soleil ? Et que nous marcherons à l'avant-garde, nous autres, tous Européens !

244.

Il fut un temps où l'on donnait habituellement aux Allemands l'épithète de « profonds » : aujourd'hui que le néo-germanisme à la mode a de tout autres prétentions, et reprocherait volontiers à ce qui a de la profondeur d'être trop peu « tranchant », il y a de l'optimisme et du patriotisme à se demander si cet antique éloge n'est pas une duperie, en un mot si cette prétendue profondeur allemande n'était pas, au fond, quelque chose d'autre et de pire, quelque chose dont, grâce à Dieu, on est en train de se défaire. Essayons donc de voir plus clair dans cette profondeur germanique. Il suffit pour cela de disséquer un peu l'âme allemande. — L'âme allemande est avant tout composite, d'origines multiples, faite d'éléments ajoutés et accumulés, plutôt qu'elle n'est vraiment construite : cela tient à sa provenance. Un Allemand qui oserait s'écrier: « Je porte, hélas ! deux âmes en moi(1) ! » se tromperait d'un joli chiffre d'âmes. Peuple disparate, fait d'un mélange et d'un pêle-mêle indescriptible de races, peut-être avec une prédominence des éléments pré-aryens, « peuple du milieu » dans tous les sens du mot, les Allemands sont, pour eux-mêmes, plus insaisissables, plus indéfinis, plus contradictoires, plus inconnus,

(1) Gœthe, *Faust*, acte I, scène ii, dans le dialogue avec Wagner. — N. d. T.

plus incalculables, plus surprenants que les autres peuples ne le sont à eux-mêmes ; ils échappent à toute *définition*, et cela suffirait pour qu'ils fissent le désespoir des Français. Il est significatif que la question : « Qu'est-ce qui est Allemand ? » reste toujours ouverte. Kotzebue connaissait évidemment bien ses Allemands : « Nous sommes dévoilés ! » s'écrièrent-ils en l'acclamant, — mais Sand (1), lui aussi, croyait bien les connaître. Jean-Paul savait ce qu'il faisait, lorsqu'il protesta avec colère contre les flatteries et les exagérations mensongères, mais patriotiques, de Fichte ; mais il est probable que Gœthe qui donnait raison à Jean-Paul contre Fichte, pensait des Allemands autre chose que Jean-Paul. — Au fait qu'est-ce que Gœthe pouvait bien penser des Allemands ? Sur bien des sujets fort proches de lui il ne s'est jamais expliqué clairement et il a su garder, sa vie durant, un habile silence ; il avait sans doute pour cela de bonnes raisons. Mais ce qui est certain, c'est que ce ne furent pas les « guerres d'indépendance », ni d'ailleurs la Révolution française, qui lui donnèrent une très vive joie : l'événement qui transforma son Faust, qui transforma toute son idée de l'homme, ce fut l'apparition de Napoléon. Il y a des mots de Gœthe qui sont comme un verdict impatient et dur, rendu par un étranger, contre ce qui est l'orgueil des Alle-

(1) Sand assassina par exaltation patriotique le poète Auguste de Kotzebue, conseiller d'État russe, à Mannheim, en 1819. — N, d. T.

mands; il lui arrive de définir le célèbre *Gemüth* germanique « l'indulgence pour les faiblesses des autres et pour les siennes propres ». A-t-il tort ? — Les Allemands ont ceci de particulier qu'on a rarement tout à fait tort lorsqu'on porte un jugement sur eux. L'âme allemande a des galeries et des couloirs, des cavernes, des cachettes, des réduits; son désordre a beaucoup du charme de ce qui est mystérieux. L'Allemand est à son aise parmi les voies furtives qui mènent au chaos, et, comme toute chose aime son symbole, l'Allemand aime les nuages et tout ce qui est indistinct, naissant, crépusculaire, humide et voilé; l'incertain, l'embryonnaire, ce qui est en voie de transformation, de croissance, lui donne l'impression de la « profondeur ». L'Allemand lui-même n'*est* pas, il *devient*, il « se développe ». C'est pourquoi le « développement » est la trouvaille propre de l'Allemand, celle qu'il jeta dans le vaste empire des formules philosophiques : idée aujourd'hui souveraine et qui, alliée à la bière allemande et à la musique allemande, est en voie de germaniser l'Europe entière. Les étrangers demeurent stupéfaits et conquis devant les énigmes que leur propose la nature contradictoire qui fait le fond de l'âme allemande (Hegel l'a mise en système ; Richard Wagner a trouvé mieux, il l'a mise en musique). « Bon enfant et sournois », coexistence qui serait absurde s'il s'agissait de tout autre peuple, et qui, hélas!

n'est que trop souvent réalisée en Allemagne : allez donc vivre quelque temps parmi les Souabes! La lourdeur du savant allemand, son manque de délicatesse sociale, s'allie déplorablement bien avec une acrobatie mentale et une audace dans l'agilité devant lesquelles tous les dieux ont *appris la crainte*. Voulez-vous voir l'« âme allemande » grande étalée? jetez un coup d'œil sur le goût allemand, l'art allemand, les mœurs allemandes. Quelle indifférence de rustre à l'égard de toute espèce de « goût »! Quel côtoiement de ce qu'il y a de plus noble avec ce qu'il y a de plus vulgaire! Quel désordre et quelle richesse dans toute l'économie de cette âme! L'Allemand *traîne* son âme, il traîne longuement tout ce qui lui arrive. Il digère mal les événements de sa vie, il n'en finit jamais; la profondeur allemande n'est souvent qu'une « digestion » pénible et languissante. Et de même que tous les malades chroniques, tous les dyspeptiques, ont une propension au bien-être, ainsi l'Allemand aime la « franchise » et la « droiture » : il est si *commode* d'être franc et droit! Le plus dangereux et le plus habile déguisement dont soit capable l'Allemand, c'est peut-être ce qu'il y a de candide, d'avenant, de grand ouvert dans « l'honnêteté » allemande; c'est peut-être là son méphistophélisme propre, et il saura encore en tirer parti! L'Allemand se laisse aller, regarde de ses yeux allemands limpides, bleus et vides, — et aussitôt l'étranger ne le distingue plus de sa robe de chambre ! Je voulais dire : que la « profondeur allemande » soit ce qu'elle voudra — et pourquoi n'en ririons-nous pas un peu entre nous ? — nous ferions bien de sauvegarder l'honorabilité de son bon renom, et de ne pas échanger trop complaisamment notre vieille réputation de peuple profond contre le prussianisme tranchant, et contre l'esprit et les sables de Berlin. Il est sage pour un peuple de laisser croire qu'il est profond, qu'il est gauche, qu'il est bon enfant, qu'il est honnête, qu'il est malhabile ; — il se pourrait qu'il y eût à cela plus que de la sagesse, — de la profondeur. — Et enfin, il faut bien faire honneur à son nom : on ne s'appelle pas impunément *das « tiusche » Volk, das Tœusche-Volk*, — le peuple qui trompe. —

245.

Le « bon vieux temps » est mort : avec Mozart il a chanté sa dernière chanson : — quel bonheur pour nous, que son rococo ait encore un sens pour nous, que ce qu'il a de « bonne compagnie », de tendres ardeurs, de goût enfantin pour la chinoiserie et la fioriture, de politesse de cœur, d'aspiration vers ce qui est précieux, amoureux, dansant, sentimental, de foi au Midi, que tout cela trouve encore en nous quelque chose qui l'entende ! Hélas ! le temps viendra où tout cela sera bien fini. — Mais n'en doutez pas, l'intelligence et le goût de

Beethoven passeront plus vite encore; car celui-là ne fut que le dernier écho d'une transformation et d'une brisure du style; au lieu que Mozart fut la dernière expression de tout un goût européen vivant depuis des siècles. Beethoven est l'intermède entre une vieille âme usée qui s'effrite, et une âme plus que jeune, à venir, qui surgit; sur sa musique est épandue la lueur crépusculaire d'une éternelle déception, et d'une éternelle et errante espérance, — cette même lueur qui baignait l'Europe alors qu'elle rêvait avec Rousseau, qu'elle dansait autour de l'arbre révolutionnaire de la liberté, qu'elle s'agenouillait enfin aux pieds de Napoléon. Comme tous ces sentiments pâlissent vite, comme il nous est difficile déjà de les comprendre, comme elle est lointaine et étrange la langue des Rousseau, des Schiller, des Shelley, des Byron, la langue où s'exprima cette même destinée de l'Europe qui chantait en Beethoven! Puis ce fut, dans la musique allemande, le tour du romantisme : mouvement historique plus court encore, plus fuyant et plus superficiel que n'avait été le grand entr'acte, le passage de Rousseau à Napoléon et à la démocratie montante. Weber : mais que nous veulent aujourd'hui le *Freischütz* et *Obéron*? Ou bien *Hans Heiling* et le *Vampire* de Marschner! Ou même *Tannhæuser* de Wagner! Musique dont nous nous souvenons encore, mais dont les accents sont éteints. Et puis, toute cette musique du romantisme fut toujours trop peu délicate, trop peu de la musique, pour compter ailleurs qu'au théâtre, devant la foule; elle fut de suite une musique de second ordre, dont les vrais musiciens ne tinrent pas compte. Autre chose fut Félix Mendelssohn, ce maître alcyonien, qui dut à son âme plus légère, plus pure, plus heureuse, d'être vite admiré, puis vite oublié: ce fut le bel intermède de la musique allemande. Quant à Robert Schumann, qui prit au sérieux sa tâche, et qui tout de suite fut pris au sérieux — il est le dernier qui ait fondé une école, — ne jugeons-nous pas tous aujourd'hui que c'est un bonheur, un allégement, une délivrance d'avoir enfin dépassé ce romantisme schumannien? Ce Schumann réfugié dans la « Suisse saxonne » de son âme, ce Schumann, à demi Werther, à demi Jean-Paul, — certes il n'a rien de Beethoven, ni rien de Byron; — sa musique pour *Manfred* est une maladresse et un contresens qui passent ce qui est permis, — ce Schumann avec son goût à lui, goût médiocre en somme (je veux dire sa propension au lyrisme silencieux, et à l'effusion attendrie et débordante, propension dangereuse en Allemagne), ce Schumann aux allures toujours obliques, sans cesse effarouchées, en retraite et en recul, cette âme noble et sensible, sans cesse brûlante d'un bonheur ou d'une souffrance impersonnels, cette âme de petite fille, *noli me tangere* de naissance; — ce Schumann était déjà, en musique, un fait purement allemand, et n'était plus ce qu'avait été Beethoven, ce qu'avait été Mozart à un plus haut degré, un phénomène européen; — et avec lui la musique allemande courait cet immense risque de cesser d'être la voix par où s'énonce l'*âme de l'Europe* et de tomber au rang médiocre d'une chose purement nationale..—

246.

—Quel martyre est la lecture des livres allemands pour celui qui possède la troisième oreille ! Avec quelle répugnance il s'arrête auprès de ce marécage du mouvement paresseux, flot de sons sans harmonie, de rythmes sans allure que l'Allemand appelle « livre » ! Et que penser encore de l'Allemand qui *lit* des livres ! Comme il lit avec paresse et répugnance, comme il lit mal ! Combien il y a peu d'Allemands qui savent et demandent à savoir s'il y a de l'*art* dans une bonne phrase, — de l'art qui veut être deviné, si la phrase doit être bien comprise ! Pour peu qu'on se méprenne par exemple sur l'allure, et la phrase elle-même est mal comprise. Il ne faut pas être indécis sur les syllabes importantes au point de vue du rythme, il faut sentir comme un charme voulu les infractions à la symétrie rigoureuse, il faut tendre une oreille fine et patiente à chaque *staccato* et à chaque *rubato*, et deviner le sens qu'il y a dans la suite des voyelles et des diphthongues, deviner comment, dans leur succession, tendres et riches, elles se colorent et se transforment : lequel parmi les Allemands qui lisent des livres est assez homme de bonne volonté pour reconnaître des devoirs et des exigences de cet ordre, pour prêter l'oreille à un tel art d'intentions dans le langage? Bref, « l'oreille » manque pour de telles choses et l'on n'entend pas les plus violents contrastes du style et la plus subtile maîtrise est *gaspillée* comme devant des sourds. — Ce furent là mes pensées en remarquant comme on confondait, grossièrement et sans s'en douter, deux maîtres dans l'art de la prose, dont l'un laisse tomber les mots goutte à goutte, froidement et avec hésitation, comme si ces mot filtraient de la voûte d'une caverne humide — il compte sur leur sonorité et leur assonance, — dont l'autre se sert de sa langue comme d'une épée flexible, sentant courir depuis son bras jusqu'aux orteils la joie dangereuse de la lame tremblante et tranchante, qui voudrait mordre, siffler et couper. —

247.

Le fait que ce sont précisément nos bons musiciens qui écrivent mal montre combien le style allemand a peu de rapport avec l'harmonie et l'oreille. L'Allemand ne lit pas à voix haute, il ne lit pas pour l'oreille, mais seulement avec les yeux : il a escamoté ses oreilles. L'homme de l'antiquité lorsqu'il lisait — cela arrivait assez rarement, —

se faisait la lecture à lui-même, à voix haute ; on s'étonnait de voir quelqu'un lire à voix basse et l'on s'en demandait à part soi les raisons. A voix haute : cela veut dire avec tous les gonflements, toutes les inflexions de voix et tous les changements de ton et les modifications d'allure qui faisaient la joie de l'antique vie *publique*. Alors, les lois du style écrit étaient les mêmes que celles du style verbal, lois qui dépendaient, d'une part, du développement extraordinaire, des besoins raffinés de l'oreille et du larynx, d'autre part, de la force, de la durée et de la puissance du poumon antique. Une période au sens des antiques est avant tout un ensemble physiologique, en tant qu'elle se résume en un seul souffle. Une période, telle que celles de Démosthène et de Cicéron, ascendante et descendante par deux fois, et tout d'un seul souffle : voilà une jouissance pour les hommes antiques, qui savaient en goûter les qualités, eux à qui leur éducation permettait d'apprécier ce qu'il y avait là de rare et de difficile. — *Nous*, nous n'avons en somme aucun droit à la *grande* période, nous autres hommes modernes à la respiration courte sous tous les rapports. Tous ces anciens étaient eux-mêmes des dilettantes du discours, c'est-à-dire des connaisseurs et des critiques, — c'est avec cela qu'ils poussaient leurs orateurs à bout, de même qu'au siècle dernier où presque tous les Italiens, hommes et femmes, savaient chanter, la virtuosité du chant occupait le premier rang en Italie (en même temps que l'art de la mélodie —). Mais en Allemagne (exception faite des temps les plus récents, où une sorte d'éloquence de tribune agite timidement et lourdement ses jeunes ailes) il n'y avait en somme qu'une sorte de discours publics *à peu près* soumis aux règles de l'art : c'est le discours prononcé du haut de la chaire. En Allemagne, le prédicateur seul savait ce que pèsent une syllabe et un mot, comment une phrase porte, bondit, se précipite, jaillit et se fond, lui seul avait de la conscience, car il y a assez de raisons pour croire qu'un Allemand atteint rarement, presque toujours trop tard, la perfection dans le discours. C'est pourquoi le chef-d'œuvre de la prose allemande est à juste titre le chef-d'œuvre de son plus grand prédicateur : la *Bible* fut jusqu'à présent le meilleur livre allemand. Opposé à la Bible de Luther presque tout le reste n'est que « littérature », — une chose qui n'a pas grandi en Allemagne, qui, par conséquent, n'a pas pris racine dans les cœurs allemands comme l'a fait la Bible.

248.

Il y a deux espèces de génies : l'une d'elles veut avant tout créer et elle crée, l'autre aime à se laisser féconder, et met au monde. De même, parmi les peuples géniaux, il en est à qui échoit le problème féminin de porter et le devoir secret de former, de mûrir et d'accomplir — les Grecs, par exemple, étaient un peuple de cette nature et aussi les Français — ; et d'autres qui ont la mission de féconder et d'être la cause de vies nouvelles — comme les Juifs, les Romains, et peut-être, soit dit en toute modestie, les Allemands ? — des peuples tourmentés et ravis de fièvres inconnues et poussés irrésistiblement hors d'eux-mêmes, pleins d'amour et de désir des races étrangères (— de celles qui se « laissent féconder » —), avec cela despotiques comme tout ce qui se sait plein de forces génératrices, donc souverain par la « grâce de Dieu ». Ces deux espèces de génies se cherchent comme l'homme et la femme ; mais ils se méconnaissent aussi l'un l'autre — comme l'homme et la femme.

249.

Chaque peuple a sa propre tartuferie et l'appelle sa vertu. — On ne connaît pas ses meilleures qualités, on ne peut pas les connaître.

250.

Ce que l'Europe doit aux juifs ? — Bien des choses, du bon et du mauvais, et avant tout une chose qui est à la fois des meilleures et des pires : le grandiose en morale, la redoutable majesté des revendications infinies, le sens des « valeurs » infinies, tout le romantisme et tout le sublime des énigmes morales, — et par conséquent, ce qu'il y a de plus attrayant, de plus captivant et de plus exquis dans les jeux de nuances et les tentations de vivre dont la dernière lueur, la lueur mourante, peut-être, embrase aujourd'hui le ciel crépusculaire de notre civilisation européenne. Et c'est pourquoi nous autres, les artistes, entre les spectateurs et les philosophes, nous avons pour les juifs — de la reconnaissance.

251.

Il faut s'en accommoder, quand un peuple qui souffre et *veut* souffrir de la fièvre nationale et des ambitions politiques voit passer sur son esprit des nuages et des troubles divers, en un mot de petits accès d'abêtissement: par exemple, chez les Allemands d'aujourd'hui, tantôt la bêtise anti-française, tantôt la bêtise anti-juive ou anti-polonaise, tantôt la bêtise chrétienne-romantique, tantôt la bêtise wagnérienne, tantôt la bêtise teutonne ou prussienne (qu'on regarde donc ces pauvres historiens, ces Sybel et ces Treitschke, et leurs grosses têtes emmitouflées —), et quel que soit le nom que l'on veuille donner à ces petits embrumements de l'esprit et de la conscience allemande. Qu'on me pardonne si, moi aussi, en faisant une halte courte et audacieuse sur un domaine très infecté, je n'ai pas été entièrement épargné par la maladie et si, comme tout le monde, je me suis livré à des fantaisies sur des choses qui ne me regardent pas: premier symptôme de l'infection politique. Par exemple en ce qui concerne les juifs : écoutez plutôt. — Je n'ai pas encore rencontré d'Allemand qui veuille du bien aux juifs; les sages et les politiques ont beau condamner tous sans réserve l'antisémitisme, ce que réprouvent leur sagesse et leur politique, c'est, ne vous y trompez pas, non pas le sentiment lui-même, mais uniquement ses redoutables déchaînements, et les malséantes et honteuses manifestations que provoque ce sentiment une fois déchaîné. On dit tout net que l'Allemagne a largement son compte de juifs, que l'estomac et le sang allemands devront peiner longtemps encore avant d'avoir assimilé cette dose de « juif », que nous n'avons pas la digestion aussi active que les Italiens, les Français, les Anglais, qui en sont venus à bout d'une manière bien plus expéditive : — et notez que c'est là l'expression d'un sentiment très général, qui exige qu'on l'entende et qu'on agisse. « Pas un juif de plus ! Fermons-leur nos portes, surtout du côté de l'Est (y compris l'Autriche) ! » Voilà ce que réclame l'instinct d'un peuple dont le caractère est encore si faible et si peu marqué qu'il courrait le risque d'être aboli par le mélange d'une race plus énergique. Or, les juifs sont incontestablement la race la plus énergique, la plus tenace et la plus pure qu'il y ait dans l'Europe actuelle; ils savent tirer parti des pires conditions — mieux peut-être que des plus favorables, — et ils le doivent à quelqu'une de ces vertus dont on voudrait aujourd'hui faire des vices, ils le doivent surtout à une foi robuste qui n'a pas de raison de rougir devant les « idées modernes »; ils se transforment, quand ils se transforment, comme l'empire russe conquiert : la Russie étend ses conquêtes en empire qui a du temps devant lui et qui ne date pas d'hier, — eux se transforment suivant la maxime : « Aussi lentement que possible! » Le penseur que préoccupe l'avenir de l'Europe doit, dans toutes ses spéculations sur cet avenir, compter avec les juifs et les Russes comme avec les facteurs les plus certains et les plus probables du jeu et du conflit des forces. Ce que, dans l'Europe d'aujourd'hui, on appelle une « nation » est chose fabriquée plutôt que chose de nature, et a bien souvent tout l'air d'être une chose artificielle et fictive; mais, à coup sûr, les « nations » actuelles sont choses qui deviennent, choses jeunes et aisément modifiables, ne sont pas encore des « races », et n'ont à aucun degré ce caractère d'éternité qui est le propre des juifs : il est bon que les « nations » se gardent de toute hostilité et de toute concurrence irréfléchie. Il est tout à fait certain que les juifs, s'ils le voulaient, ou si on les y poussait, comme les antisémites ont tout l'air de le faire, seraient dès à présent en état d'avoir le dessus, je dis bien, d'être les maîtres effectifs de l'Europe; il n'est pas moins certain que ce n'est pas à cela qu'ils visent. Ce que pour le moment, au contraire, ils veulent, et ce qu'ils demandent avec une insistance un peu gênante, c'est d'être absorbés et assimilés par l'Europe ; ils ont soif d'avoir un endroit où ils puissent enfin se poser, et jouir enfin de quelque tolérance, et de considération ; ils ont soif d'en finir avec leur existence nomade de « Juif errant ». Cette aspiration dénote peut-être déjà une atténuation des instincts judaïques, et il ne serait que juste d'y prendre garde et d'y faire bon accueil ; on pourrait fort bien débuter par jeter à la porte les braillards antisémites. Il faut être prévenant, mais avec précaution, et choisir : l'attitude de la noblesse d'Angleterre est un assez bon exemple. Il est trop évident qu'en Allemagne ceux qui risqueraient le moins à entrer en commerce avec eux, ce sont les types assez énergiques et assez fortement accusés du néo-germanisme, par exemple l'officier noble de la Marche prussienne : il serait à tous égards très intéressant d'essayer s'il y aurait moyen d'unir et de greffer l'un sur l'autre l'art de commander et d'obéir, traditionnel et classique dans le pays que je viens de dire, et le génie de l'argent et de la patience, avec son appoint d'intellectualité, chose qui fait encore passablement défaut dans ce même pays. — Mais voilà plus qu'il n'en faut de patriotisme jovial et solennel ; je m'arrête, car je me retrouve au seuil de la question qui me tient à cœur plus que toute autre, au seuil du « problème européen » tel que je l'entends, je veux dire de l'éducation possible d'une caste nouvelle destinée à régner sur l'Europe. —

252.

Non certes, ils ne sont pas une race philosophique, ces Anglais. Bacon, c'est une attaque contre tout esprit philosophique ; Hobbes, Hume et Locke sont, plus d'un siècle durant, un ravalement et un amoindrissement de l'idée même de « philosophie ». C'est contre Hume que se dressa Kant, et qu'il se haussa ; c'est de Locke que Schelling put dire : « *Je méprise Locke* » ; Hegel et Schopenhauer (sans parler de Gœthe) furent unanimes contre le mécanisme à l'anglaise qui fait de l'univers une machine stupide, — Hegel et Schopenhauer, ces deux hommes de génie, frères ennemis en philosophie, qui, attirés vers les pôles opposés de la pensée allemande, furent divisés et furent injustes l'un pour l'autre comme seuls des frères savent l'être. Ce qui manque aux Anglais et leur a toujours manqué, il le savait bien, ce rhéteur à demi comédien, ce brouillon dépourvu de goût que fut Carlyle, et ses grimaces convulsées n'eurent d'autre but que de masquer le défaut qu'il se connaissait, le manque de véritable puissance intellectuelle, de véritable profondeur d'intuition, le manque de philosophie. C'est un fait significatif, chez une race si dépourvue de philosophie, que son attachement obstiné au christianisme : il lui faut cette discipline pour la moraliser et l'humaniser. L'Anglais, plus morne, plus sensuel, plus énergique et plus brutal que l'Allemand, est, pour cette raison même qu'il est le plus grossier des deux, plus pieux que l'Allemand : c'est qu'il a plus encore que lui besoin du christianisme. Pour un odorat un peu subtil, il y a jusque dans ce christianisme anglais un parfum éminemment anglais de spleen et d'excès alcooliques ; c'est précisément là contre qu'il est destiné à servir, poison plus délicat contre un poison grossier, et c'est fort bien fait : pour des peuples très grossiers, une intoxication délicate est déjà un progrès, un pas dans la voie de l'esprit. La pesanteur et la rusticité sérieuse des Anglais trouve, après tout, son déguisement, ou mieux son expression et sa traduction les plus supportables dans la gesticulation chrétienne, la prière et les psaumes, et peut-être, pour tout ce bétail d'ivrognes et de débauchés qui apprit jadis l'art des grognements moraux à la rude école du méthodisme, et qui l'apprend aujourd'hui à l'Armée du Salut, la crampe du repentir est-elle relativement le plus haut rendement « d'humanité » qu'on puisse en tirer : cela, je l'accorde volontiers. Mais ce qui est intolérable, même chez l'Anglais le plus perfectionné, c'est son manque de musique, pour parler au figuré (et aussi au propre) : dans tous les mouvements de son âme et de son corps, il n'a ni mesure ni danse, il n'a pas même un désir de mesure et de danse, de musique. Écoutez-le parler : regardez marcher les plus belles Anglaises : il n'existe pas au monde de plus jolis canards ni de plus beaux cygnes; — enfin, écoutez-les chanter ? Mais j'en demande trop ! — —

253.

Il y a des vérités qui ne pénètrent nulle part mieux que dans les têtes médiocres, parce qu'elles sont faites à leur mesure; il y a des vérités qui n'ont d'attrait et de charme que pour les intelligences médiocres; cette proposition, peut-être déplaisante, est plus que jamais de mise aujourd'hui que la pensée d'Anglais estimables, mais médiocres — je veux dire Darwin, John Stuart Mill et Herbert Spencer — commence à être souveraine maîtresse dans la région moyenne du goût européen. Pour dire vrai, qui songerait à contester que de temps à autre la prédominance d'esprits de ce genre ait son utilité? On se tromperait si l'on jugeait les esprits de race, les esprits qui prennent leur essor à l'écart, comme particulièrement aptes à établir, à colliger, à ramasser en formules la masse des petits faits ordinaires; ils sont tout au contraire en leur qualité d'exceptions, dans une situation fort désavantageuse à l'égard des règles. Et puis, ils ont plus à faire que d'apprendre à connaître : leur tâche, c'est *d'être* quelque chose de nouveau, de *signifier* quelque chose de nouveau, de repré-

senter des *valeurs* nouvelles. L'abîme entre le savoir
et la puissance agissante est peut-être plus large et
plus vertigineux qu'on ne croit : l'homme d'action
de grande envergure, le créateur pourrait fort bien
être un ignorant, tandis que, d'autre part, pour les
découvertes scientifiques à la manière de Darwin
il n'est pas impossible qu'une certaine étroitesse,
une certaine sécheresse et une patiente minutie,
qu'en un mot quelque chose d'anglais soit une heureuse prédisposition. Il ne faut pas oublier qu'une
fois déjà les Anglais, par le fait de leur profonde
médiocrité, ont déterminé une dépression générale
de l'esprit en Europe : ce qu'on appelle les « idées
modernes », ou « les idées du dix-huitième siècle »,
ou encore « les idées françaises », tout ce contre
quoi l'esprit allemand s'est levé avec un profond
dégoût, tout cela est incontestablement d'origine
anglaise. Les Français ne furent que les imitateurs
et les acteurs de ces idées, comme ils en furent les
meilleurs soldats et malheureusement aussi les premières et plus complètes victimes : car à la maudite
anglomanie des « idées modernes » *l'âme française*
a fini par s'appauvrir et s'émacier au point qu'aujourd'hui ses seizième et dix-septième siècles, son
énergie profonde et ardente, la distinction raffinée de ses créations ne sont plus qu'un souvenir
à peine croyable. Mais, contre la mode d'aujour-
d'hui et contre les apparences, il faut défendre cette
proposition qui est de simple honnêteté historique

et n'en pas démordre : tout ce que l'Europe a connu de *noblesse,* — noblesse de la sensibilité, du goût, des mœurs, noblesse en tous sens élevés du mot — tout cela est l'œuvre et la création propre de la France ; et la vulgarité européenne, la médiocrité plébéienne des idées modernes est l'œuvre de l'Angleterre. —

254.

Aujourd'hui encore, la France est le refuge de la culture la plus intellectuelle et la plus raffinée qu'il y ait en Europe, et reste la grande école du goût : mais il faut savoir la découvrir, cette « France du goût ». Qui en fait partie prend soin de se tenir caché. Il sont peu nombreux, et dans ce petit nombre il s'en trouve encore, peut-être, qui ne sont pas très solides sur jambes, soit des fatalistes, des mélancoliques, des malades, soit encore des énervés et des artificiels, qui mettent leur *amour-propre* à rester cachés. Ils ont ceci en commun qu'ils se bouchent les oreilles pour ne pas entendre la bêtise déchaînée et la gueulerie bruyante du *bourgeois* démocratisé. Car ce qui est au premier plan, c'est une France abêtie et devenue grossière, — cette France qui, tout récemment, aux obsèques de Victor Hugo, s'est livrée à une véritable orgie de mauvais goût et de contentement de soi. Un autre trait encore est commun aux hommes de la « France du goût » : une volonté bien résolue de se défendre de la germanisation intellectuelle, et une impuissance incontestée à triompher dans cette lutte. Dès à présent, je crois bien que dans cette France intelligente, qui est aussi une France pessimiste, Schopenhauer est plus chez lui qu'il ne le fut jamais en Allemagne; je ne parle pas de Henri Heine, qui a passé depuis longtemps dans la chair et le sang des lyriques parisiens les plus délicats et les plus précieux, ou de Hegel, qui, dans la personne de Taine — c'est-à-dire du premier des historiens vivants — exerce une action souveraine, presque tyrannique. Quant à Richard Wagner, plus la musique française s'adaptera aux exigences réelles de l'*âme moderne*, plus, on peut le prédire, elle wagnérisera; — elle le fait déjà bien assez! Il y a cependant trois choses qu'aujourd'hui encore les Français peuvent exhiber avec orgueil comme leur patrimoine propre, comme la marque indélébile de leur ancienne suprématie de culture sur l'Europe, en dépit de tout ce qu'ils ont fait ou laissé faire pour germaniser et démocratiser leur goût. La première, c'est la capacité de passions artistiques, d'enthousiasmes pour la « forme », c'est cette faculté pour qui a été créée, entre mille autres, l'expression : « *l'art pour l'art* »; elle a toujours existé en France depuis trois siècles, et, grâce au respect qu'y inspire « le petit nombre », elle y a toujours rendu possible l'existence d'une littérature de choix, d'une sorte de musique de chambre de la lit-

térature, qu'on chercherait vainement dans le reste
de l'Europe. — La seconde supériorité des Français
sur l'Europe, c'est leur vieille et riche culture *morale*, grâce à laquelle il existe en moyenne, même
chez les petits romanciers des journaux et chez
n'importe quel *boulevardier de Paris*, une sensibilité et une curiosité psychologiques dont les autres,
les Allemands par exemple, sont incapables, dont
ils n'ont même pas idée. Les Allemands n'ont pas
eu ce qu'il fallait pour en arriver là : ces quelques
siècles d'active éducation morale, que la France a pris
la peine de se donner; et partir de là pour qualifier
les Allemands de « naïfs », c'est leur faire un mérite de ce qui est un défaut. (Voici qui forme un
parfait contraste à l'inexpérience de l'Allemagne et
à son innocente abstention de la volupté psychologique — le mortel ennui des relations entre Allemands est assez proche parent de cette innocence
— et voici qui exprime parfaitement la curiosité
naturelle aux Français et leur richesse inventive
dans ce monde d'émotions délicates : je veux parler d'Henri Beyle, ce précurseur et ce divinateur
admirable qui, d'une allure à la Napoléon, parcourut *son* Europe, plusieurs siècles d'âme européenne, démêlant et découvrant cette âme; il fallut
deux générations pour le joindre, pour deviner
quelques-unes des énigmes qui l'obsédaient et le
ravissaient, lui, cet étonnant épicurien et ce curieux
interrogateur, qui fut le dernier grand psychologue

de la France.) — Reste enfin une troisième supériorité. Il y a, au fond de l'âme française, une synthèse presque achevée du Nord et du Midi : les Français doivent à ce trait de leur nature de comprendre bien des choses et d'en faire bien d'autres auxquelles l'Anglais n'entendra jamais rien. Leur tempérament, qu'à des périodes régulières le Midi attire ou bien repousse, leur tempérament que de temps à autre inonde le sang provençal et ligure, les met en garde contre l'horrible « gris sur gris » du Nord, contre les idées-fantômes sans soleil et contre l'anémie. Ils ignorent notre maladie du goût, à nous autres Allemands, qu'en ce moment même on traite résolument en nous ordonnant force fer et force sang, je veux dire « de la grande politique »; traitement dangereux, dont j'attends encore, dont j'attends toujours les effets, mais toujours sans espoir. A présent encore, on sait en France pressentir et deviner la venue de ces hommes rares et difficiles à qui il ne suffit pas d'être d'une patrie et qui savent aimer le Midi dans le Nord, le Nord dans le Midi, et l'on sait aller au devant de ces *méditerranéens*-nés, de ces « bons Européens ». C'est pour eux que Bizet a écrit de la musique, Bizet, le dernier génie qui ait vu une nouvelle beauté et une nouvelle séduction, Bizet, qui a découvert une terre nouvelle : *le midi de la musique.*

255.

Je crois que bien des précautions s'imposent contre la musique allemande. En admettant que quelqu'un aime le midi comme je l'aime, comme une grande école de guérison de l'esprit et des sens, comme une excessive abondance de soleil qui jetterait ses rayons transfigurés sur une existence orgueilleuse pleine de foi en elle-même : eh bien ! celui-là apprendra à se mettre quelque peu en garde contre la musique allemande, puisqu'en lui gâtant de nouveau le goût, elle lui gâte en même temps la santé. Un tel homme du midi, non d'origine mais de *foi*, devra, s'il rêve de l'avenir de la musique, rêver aussi qu'elle s'affranchit du nord. Il faudra qu'il ait dans ses oreilles le prélude d'une musique plus profonde, plus puissante, peut-être plus méchante et plus mystérieuse, d'une musique supra-allemande qui, à l'aspect de la mer bleue et voluptueuse et de la clarté du ciel méditerranéen ne s'évanouira, ne pâlira et ne se ternira point, comme le fait toute musique allemande, d'une musique supra-européenne qui gardera son droit, même devant les bruns couchers de soleil dans les déserts, dont l'âme sera parente aux palmiers et qui saurait demeurer et se mouvoir parmi les grands fauves, beaux et solitaires. — Je pourrais me figurer une musique dont le charme singulier consisterait pour elle à ne rien savoir ni du bien ni du mal. De temps en temps seulement passerait peut-être sur elle une nostalgie de matelot, des ombres dorées et de molles faiblesses : ce serait un art qui verrait fuir vers lui, venues des grands lointains, les mille teintes du couchant d'un monde *moral* devenu presque incompréhensible et qui serait assez hospitalier et assez profond pour recevoir ces fugitifs attardés.

256.

Grâce aux divisions morbides que la folie des nationalités a mises et met encore entre les peuples de l'Europe, grâce aux politiciens à la vue courte et aux mains promptes qui règnent aujourd'hui avec l'aide du patriotisme, sans soupçonner à quel point leur politique de désunion est fatalement une simple politique d'entr'acte, — grâce à tout cela, et à bien des choses encore qu'on ne peut dire aujourd'hui, on méconnaît ou on déforme mensongèrement les signes qui prouvent de la manière la plus manifeste que l'Europe *veut devenir une*. Tous les hommes un peu profonds et d'esprit large qu'a vus ce siècle ont tendu vers ce but unique le travail secret de leur âme : ils voulurent frayer les voies à un nouvel accord et tentèrent de réaliser en eux-mêmes l'Européen à venir ; s'ils appartinrent à une patrie, ce ne fut jamais que par les régions superficielles de leur intelligence, ou aux heures de défaillance, où l'âge venu : ils se reposaient d'eux-mêmes en devenant « patriotes ». Je songe à des hommes comme Napoléon, Gœthe, Beethoven, Stendhal, Henri Heine, Schopenhauer. Qu'on ne m'en veuille pas trop de nommer à leur suite Richard Wagner. Il ne faut pas se laisser induire à le mal juger par ses propres méprises sur son compte : aux génies de son espèce il n'est pas toujours donné de se comprendre eux-mêmes. Et que l'on ne se laisse point tromper par le vacarme malséant au moyen duquel, en ce moment même, en France, on cherche à le repousser et à l'exclure : cela n'empêche qu'il n'y ait une parenté étroite et intime entre le romantisme tardif des Français des années 1840 à 1850 et Richard Wagner. Ils ont en commun les mêmes aspirations les plus hautes et les plus profondes : c'est l'âme de l'Europe, de l'Europe *une*, qui, sous la véhémente diversité de leurs expressions artistiques, fait effort vers autre chose, vers une chose plus haute. — Vers quoi? vers une lumière nouvelle? vers un soleil nouveau? Mais qui se flatterait d'expliquer avec précision ce que ne surent pas énoncer clairement ces maîtres, créateurs de nouveaux modes d'expression artistique? Une seule chose est certaine, c'est qu'ils furent tourmentés d'un même élan, c'est qu'ils *cherchèrent* de la même façon, eux, les derniers grands chercheurs! Tous dominés par la littérature, qui imprégnait jusqu'à l'œil des peintres et l'oreille des musiciens, ils furent les premiers artistes qui aient eu une culture littéraire universelle ; presque tous écrivains ou poètes eux-mêmes, maniant presque tous plusieurs arts et plusieurs sens, et les interprétant l'un par l'autre (— Wagner, comme musicien est un peintre, comme peintre un musicien, et, d'une façon générale, en tant qu'artiste c'est un comédien —) ; tous fanatiques de l'*expression* à tout prix — je songe surtout à Delacroix, très proche parent de Wagner ; — tous grands explorateurs sur le domaine du sublime, comme aussi du laid et du hideux, plus grands inventeurs encore en matière d'effet de mise en scène, d'étalage ; tous ayant un talent bien au delà de leur génie ; virtuoses jusque dans les moelles sachant les secrets accès de ce qui séduit, enchante, contraint, subjugue ; tous ennemis nés de la logique et des lignes droites, assoiffés de l'étrange, de l'exotique, du monstrueux, du contrefait, du contradictoire ; et puis, en tant qu'hommes, tous Tantales de la volonté, plébéiens parvenus, également incapables d'une allure noble, mesurée et lente dans la conduite de leur vie et dans leur production artistique, — songez, par exemple, à Balzac ; — travailleurs effrénés, se dévorant eux-mêmes à force de travail ; ennemis des lois et révoltés en morale, ambitieux et avides sans mesure, sans répit, sans plaisir ; tous venant enfin se briser et s'écrouler aux pieds de la croix du Christ (— et ils avaient raison : car qui d'entre eux aurait eu assez de profondeur et de spontanéité créatrice pour une philosophie de l'Antéchrist?)—En somme ce fut là toute une famille d'hommes audacieux jusqu'à la folie, magnifiquement violents, emportés eux-mêmes et emportant les autres d'un essor superbe, une famille d'hommes supérieurs destinés à enseigner à leur siècle—au siècle de la foule! — ce qu'est un « homme supérieur »... C'est affaire aux Allemands, amis de Richard Wagner, de se demander s'il y a dans l'art wagnérien quelque chose qui soit purement allemand, ou si le caractère distinctif de cet art n'est pas précisément de dériver des sources et de suggestions *supra-allemandes* : mais dans cette évaluation, on doit faire la place qu'il mérite à ce fait qu'il fallut Paris pour donner à Wagner sa marque propre, qu'il s'y sentit porté d'un irrésistible élan à l'époque la plus décisive de sa vie, et qu'il ne se formula définitivement à lui-même ses desseins sur le monde et son auto-apostolat que lorsqu'il eut sous les yeux comme modèle le socialisme français. Une analyse plus délicate établira peut-être, à l'honneur de ce qu'il y a d'allemand dans Richard Wagner, qu'il fit tout d'une manière plus forte, plus audacieuse, plus rude, plus haute que n'eût pu le faire un Français du dix-neuvième siècle — grâce au fait que nous autres Allemands, nous sommes restés plus proches de la barbarie que les Français. Peut-être même ce que

Richard Wagner a créé de plus surprenant, sera-t-il à tout jamais insaisissable, incompréhensible, inimitable pour toute la race latine si tardive : je veux dire la figure de Siegfried, de cet homme *très libre*, beaucoup trop libre, peut-être, et trop rude, et trop joyeux et trop bien portant, et trop *anti-catholique* pour le goût de peuples très vieux et très civilisés. Peut-être même ce Siegfried anti-latin fut-il un péché contre le romantisme ; mais ce péché, Wagner l'a racheté largement dans sa triste et confuse vieillesse lorsque, anticipant sur une mode qui est devenue depuis une politique, il s'est mis, avec toute sa véhémence religieuse, à prêcher aux autres, sinon à entreprendre lui-même, *le chemin qui mène à Rome*. Pour qu'on ne se méprenne pas sur ces dernières paroles, je veux m'aider de quelques rimes savoureuses, qui feront deviner, même aux oreilles les plus grossières, ce que je veux, — en quoi j'en veux au « Wagner de la dernière période » et à sa musique de Parsifal :

— Est-ce encore allemand ? —
C'est des cœurs allemands qu'est venu ce lourd hurlement
Et ce sont les corps allemands qui se mortifient ainsi ?
Allemandes sont ces mains tendues de prêtres bénissants,
Cette excitation des sens à l'odeur d'encens !
Et allemands ces heurts, ces chutes et ces vacillements,
  Ces incertains bourdonnements ?
Ces œillades de nonnes, ces *Ave*, ces bim-bams !
Ces extases célestes, ces faux ravissements,

— Est-ce encore allemand ?.—
Songez-y ! vous êtes encore à la porte : —
Car ce que vous entendez, c'est *Rome,* —
La foi de Rome, sans paroles !

CHAPITRE NEUVIÈME

QU'EST-CE QUI EST NOBLE?

Toute élévation du type « homme » a été jusqu'à présent l'œuvre d'une société aristocratique — et il en sera toujours ainsi, l'œuvre d'une société qui a foi en une longue succession dans la hiérarchie, en une accentuation des différences de valeurs d'homme à homme, et qui a besoin de l'esclavage dans un sens ou dans un autre. Sans le *sentiment de la distance*, tel qu'il se dégage de la différence profonde des classes, du regard scrutateur et hautain que la caste dirigeante jette sans cesse sur ses sujets et ses instruments, sans l'habitude de commandement et d'obéissance, tout aussi constante dans cette caste, une habitude qui pousse à tenir à distance et à opprimer, cet autre sentiment plus mystérieux n'aurait pu se développer, ce désir toujours nouveau d'augmenter les distances dans l'intérieur de l'âme même, ce développement de conditions toujours plus hautes, plus rares, plus lointaines, plus larges, plus démesurées, bref, l'élévation du type « homme », le perpétuel « art de se vaincre soi-même » pour employer une formule morale en un sens supra-moral. Sans doute, il ne faut pas se faire d'illusions humanitaires sur l'histoire des origines d'une société aristocratique (qui est la condition pour l'élévation du type « homme »). La vérité est dure. Disons-le sans ambage, montrons comment jusqu'ici a *débuté* sur terre toute civilisation élevée. Des hommes d'une nature restée naturelle, des barbares dans le sens le plus redoutable du mot, des hommes de proie, en possession d'une force de volonté et d'un désir de puissance encore inébranlés se sont jetés sur des races plus faibles, plus policées, plus pacifiques, peut-être commerçantes ou pastorales, ou encore sur des civilisations amollies et vieillies, chez qui les dernières forces vitales s'éteignaient dans un brillant feux d'artifice d'esprit et de corruption. La caste noble fut à l'origine toujours la caste barbare. Sa supériorité ne résidait pas tout d'abord dans sa force physique, mais dans sa force psychique. Elle se composait d'hommes *plus complets* (ce qui, à tous les degrés, revient à dire, de « bêtes plus complètes »).

258.

La corruption qui exprime une menace d'anarchie dans les instincts et un ébranlement fondamental dans cet édifice des passions qui constitue la vie, cette corruption est très diverse selon l'organisme sur lequel elle se manifeste. Quand, par exemple, une aristocratie, comme l'aristocratie française au commencement de la Révolution, rejette ses privilèges avec un sublime dégoût et s'offre elle-même en sacrifice devant le débordement de son sentiment moral, c'est bien là de la corruption. En réalité, il ne faut y voir que l'acte final de ces siècles de corruption persistante, par quoi cette aristocratie avait abdiqué pas à pas ses droits seigneuriaux, pour s'abaisser à n'être plus qu'une *fonction* de la royauté (pour finir par être enfin la parure de la royauté et son vêtement d'apparat). Ce qui distingue, au contraire, une bonne et saine aristocratie, c'est qu'elle n'a pas le sentiment d'être une fonction (soit de la royauté, soit de la communauté), mais comme le *sens* et la plus haute justification de la société, c'est qu'elle accepte, en conséquence, d'un cœur léger, le sacrifice d'une foule d'hommes qui, *à cause d'elle*, doivent être réduits et amoindris à l'état d'hommes incomplets, d'esclaves et d'instruments. Cette aristocratie aura une foi fondamentale : à savoir que la société ne doit pas exister pour la société, mais seulement comme une substruction et un échafaudage, grâce à quoi des êtres d'élite pourront s'élever jusqu'à une tâche plus noble et parvenir, en général, à une existence supérieure. Elle sera alors comparable à cette plante grimpante de Java — on l'appelle *sipo matador* — qui, avide de soleil, enserre de ses multiples lianes le tronc d'un chêne, tant qu'enfin elle s'élève bien au-dessus de lui, mais appuyée sur ses branches, développant sa couronne dans l'air libre pour étaler son bonheur aux yeux de tous. —

259.

S'abstenir réciproquement de froissements, de violences, d'exploitations, coordonner sa volonté à celle des autres : cela peut, entre individus, passer pour être de bon ton, mais seulement à un point de vue grossier, et lorsque l'on est en présence de conditions favorables (c'est-à-dire qu'il y a effectivement conformité de forces à l'intérieur d'un corps, et que les valeurs s'accordent et se complètent réciproquement). Mais dès que l'on pousse plus loin ce principe, dès que l'on essaye d'en faire même le *principe fondamental de la société*, on s'aperçoit qu'il s'affirme pour ce qu'il est véritablement : volonté de *nier* la vie, principe de décomposition et de déclin. Il faut ici penser profondément et aller jusqu'au fond des choses, en se gardant de toute faiblesse sentimentale. La vie elle-même est *essentiellement* appropriation, agression, assujettissement de ce qui est étranger et plus faible, oppression, dureté, imposition de ses propres formes, incorporation, et, tout au moins, exploitation. Mais pourquoi employer toujours des mots auxquels fut attaché, de tous temps, un sens calomnieux ? Ce corps social, dans le sein duquel, comme il a été indiqué plus haut, les unités se traitent en égales — c'est le cas dans toute aristocratie saine —, ce corps, s'il est lui-même un corps vivant et non pas un organisme qui se désagrège, doit agir lui-même, à l'égard des autres corps, exactement comme n'agiraient *pas*, les unes à l'égard des autres, ses propres unités. Il devra être la volonté de puissance incarnée, il voudra grandir, s'étendre, attirer à lui, arriver à la prépondérance, — non par un motif moral ou immoral, mais parce qu'il *vit* et que la vie *est* précisément volonté de puissance. — Admettons que, comme théorie, ceci soit une nouveauté, en réalité c'est le *fait primitif* qui sert de base à toute histoire. Qu'on soit donc assez loyal envers soi-même pour se l'avouer ! —

260.

Au cours d'une excursion entreprise à travers les morales délicates ou grossières qui ont régné dans le monde ou qui y règnent encore, j'ai trouvé certains traits qui reviennent régulièrement en même temps et qui sont liés les uns aux autres : tant qu'à la fin j'ai deviné deux types fondamentaux, d'où se dégageait une distinction fondamentale. Il y a une *morale de maîtres* et une *morale d'esclaves*. J'ajoute dès maintenant que, dans toute civilisation supérieure qui présente des caractères mêlés, on peut reconnaître des tentatives d'accommoder entre elles les deux morales, plus souvent encore la confusion de toutes les deux, un malentendu réciproque. On rencontre même parfois leur étroite juxtaposition, qui va jusqu'à les réunir dans un même homme, à l'intérieur d'une seule âme. Les différenciations de valeurs dans le domaine moral sont nées, soit sous l'empire d'une espèce dominante qui ressentait une sorte de bien-être à prendre pleine conscience de ce qui la plaçait au-dessus de la race dominée, — soit encore dans le sein même de ceux qui étaient dominés, parmi les esclaves et les dépendants de toutes sortes. Dans le premier cas, lorsque ce sont les dominants qui déterminent le concept « bon », les états d'âme sublimes et altiers sont considérés comme ce qui distingue et détermine le rang. L'homme noble se sépare des êtres en qui s'exprime le contraire de ces états sublimes et altiers ; il méprise ces êtres. Il faut remarquer de suite que, dans cette première espèce de morale, l'antithèse « bon » et « mauvais » équivaut à celle de « noble » et « méprisable ». L'antithèse « bien » et « *mal* » a une autre origine. On méprise l'être lâche, craintif, mesquin, celui qui ne pense qu'à l'étroite utilité ; de même l'être méfiant, avec son regard inquiet, celui qui s'abaisse, l'homme-chien qui se laisse maltraiter, le flatteur mendiant et surtout le menteur. C'est une croyance essentielle chez tous les aristocrates que le commun du peuple est menteur. « Nous autres véridiques » — tel était le nom que se donnaient les nobles dans la Grèce antique. Il est évident que les dénominations de valeurs ont d'abord été appliquées *à l'homme*, et plus tard seulement, par dérivation, *aux actions*. C'est pourquoi les historiens de la morale commettent une grave erreur en commençant leurs recherches par une question comme celle-ci : « Pourquoi louons-nous l'action qui se fait par pitié? » L'homme noble possède le sentiment intime qu'il a le droit de déterminer la valeur, il n'a pas besoin de ratification. Il décide que ce qui lui est dommageable est dommageable en soi, il sait que si les choses sont mises en honneur, c'est lui qui leur prête cet honneur, il est *créateur de valeurs*. Tout ce qu'il trouve sur sa propre personne, il l'honore. Une telle morale est la glorification de soi-même. Au premier plan, se trouve le sentiment de la plénitude, de la puissance qui veut déborder, le bonheur de la grande tension, la conscience d'une richesse qui voudrait donner et répandre. L'homme noble, lui aussi, vient en aide aux malheureux, non pas ou presque pas par compassion, mais plutôt par une impulsion que crée la surabondance de force. L'homme noble rend honneur au puissant dans sa propre personne, mais par là il honore aussi celui qui possède l'empire sur lui-même, celui qui sait parler et se taire, celui qui se fait un plaisir d'être sévère et dur envers lui-même, celui qui vénère tout ce qui est sévère et dur. « Wotan a placé dans mon sein un cœur dur », cette parole de l'antique *saga* scandinave est vraiment sortie de l'âme d'un Wiking orgueilleux. Car, lorsqu'un homme sort d'une pareille espèce, il est fier de ne pas avoir été fait pour la pitié. C'est pourquoi le héros de la *saga* ajoute : « Celui qui, lorsqu'il est jeune, ne possède pas déjà un cœur dur, ne le possédera jamais. » Les hommes nobles et hardis qui pensent de la sorte sont aux antipodes des promoteurs de cette morale qui trouve l'indice de la moralité justement dans la compassion, dans le dévouement, dans le *désintéressement*. La foi en soi-même, l'orgueil de soi-même, une foncière hostilité et une profonde ironie en face de l' « abnégation » appartiennent, avec autant de certitude, à la morale noble qu'un léger mépris et une certaine circonspection à l'égard de la compassion et du « cœur chaud ». — Ce sont les puissants qui *s'entendent* à honorer, c'est là leur art, le domaine où ils sont inventifs. Le profond respect pour la vieillesse et pour la tradition, — cette double vénération est la base même du droit, — la foi et la prévention au profit des ancêtres et au préjudice des générations à venir est typique dans la morale des puissants. Quand, au contraire, les hommes des « idées modernes » croient presque instinctivement au « progrès » et à l' « avenir », perdant de plus en plus la considération de la vieillesse, ils montrent déjà suffisamment par là l'origine plébienne de ces « idées ». Mais une morale de maîtres est surtout étrangère et désagréable au goût du jour, lorsqu'elle affirme, avec la sévérité de son principe, que l'on n'a de devoirs qu'envers ses égaux ; qu'à l'égard des êtres de rang inférieur, à l'égard de tout ce qui est étranger, l'on peut agir à sa guise, comme « le cœur vous en dit », et de toute façon en se tenant « par delà le bien et le mal ». On peut, si l'on veut, user ici de compassion et de ce qui s'y rattache. La capacité et le devoir d'user de longue reconnaissance et de vengeance infinie — les deux procédés employés seulement dans le cercle de ses égaux, — la subtilité dans les représailles, le raffinement dans la conception de l'amitié, une certaine nécessité d'avoir des ennemis (pour servir en quelque sorte de dérivatifs aux passions telles que l'envie, la combativité, l'insolence, et, en somme, pour pouvoir être un ami véritable à l'égard de ses amis) : tout cela appartient à la caractéristique de la morale noble, qui, je l'ai dit, n'est pas la morale des « idées modernes », ce qui fait qu'aujourd'hui elle est difficile à concevoir et aussi difficile à déterrer et à découvrir. — Il en est différemment de l'autre morale, de la *morale des esclaves*. En supposant que les êtres asservis, opprimés et souffrants, ceux qui ne sont pas libres, mais incertains d'eux-mêmes et fatigués, que ces êtres se mettent à moraliser, quelles idées communes trouveront-ils dans leurs appréciations morales ? Vraisemblablement ils voudront exprimer une défiance pessimiste à l'égard des conditions générales de l'homme, peut-être une condamnation de l'homme et de toute la situation qu'il occupe. Le regard de l'esclave est défavorable aux vertus des puissants. L'esclave est sceptique et défiant à l'égard de toutes les « bonnes choses » que les autres vénèrent, il voudrait se convaincre que, même chez les autres, le bonheur n'est pas véritable. Par contre, il présente en pleine lumière les qualités qui servent à adoucir l'existence de ceux qui souffrent. Ici nous voyons rendre honneur à la compassion, à la main complaisante et secourable, vénérer le cœur chaud, la patience, l'application, l'humilité, l'amabilité, car ce sont là les qualités les plus utiles, ce sont presque les seuls moyens pour alléger le poids de l'existence. La morale des esclaves est essentiellement une morale utilitaire. Nous voici au véritable foyer d'origine de la fameuse antithèse « bien » et « mal ». Dans le concept « mal » on fait entrer tout ce qui est puissant et dangereux, tout ce qui possède un caractère redoutable, subtil et puissant, et n'éveille aucune idée de mépris. D'après la morale des esclaves, « l'homme méchant » inspire donc la crainte ; d'après la morale des maîtres, c'est « l'homme bon » qui inspire la crainte et veut l'inspirer, tandis que « l'homme mauvais » est l'homme méprisable. L'antithèse arrive à son comble lorsque, par une conséquence de la morale d'esclaves, une nuance de dédain (peut-être très léger et bienveillant) finit par être attachée même aux « hommes bons » de cette morale. Car l'homme bon, d'après la manière de voir des esclaves, doit en tous les cas être l'homme *inoffensif.* Il est bonasse, facile à tromper, peut-être un peu bête, bref c'est un *bonhomme.* Partout où la morale des esclaves arrive à dominer, le langage montre une tendance à rapprocher les mots « bon » et « bête ». — Dernière différence fondamentale : l'aspiration à la *liberté,* l'instinct de bonheur et toutes les subtilités du sentiment de liberté appartiennent à la morale des esclaves aussi nécessairement que l'art et l'enthousiasme dans la vénération et dans le dévouement sont le symptôme régulier d'une manière de penser et d'apprécier aristocratiques. — Maintenant on comprendra, sans plus d'explication, pourquoi l'amour *en tant que passion* — c'est notre spécialité européenne — doit être nécessairement d'origine noble. On sait que son invention doit être attribuée aux chevaliers poètes provençaux, ces hommes magnifiques et ingénieux du « *gai saber* » à qui l'Europe est redevable de tant de choses et presque d'elle-même. —

261.

Au nombre des choses qui sont peut-être le plus difficiles à comprendre pour un homme noble, se trouve la vanité. Il sera tenté de nier son existence là même où, pour une autre espèce d'hommes, elle crève les yeux. Le problème consiste pour lui à se représenter des êtres qui cherchent à créer une bonne opinion pour ce qui les concerne, opinion qu'ils n'ont pas eux-mêmes — et qu'ils ne « méritent » donc pas — tout en finissant par croire à cette opinion. Cela lui semble d'une part de si mauvais goût, si irrévérencieux à l'égard de lui-même, d'autre part si baroque et si fou, qu'il regarderait volontiers la vanité comme une chose exceptionnelle et qu'il la met en doute dans la plupart des cas où on lui en parle. Il dira par exemple : « Je puis me tromper sur ma valeur et demander pourtant, d'autre part, que ma valeur soit reconnue par les autres, précisément dans la même mesure où je l'estime — mais ce n'est pas là de la vanité (c'est plutôt de la présomption ou, dans la plupart des cas, ce qui a été appelé « humilité » et aussi « modestie »). » — Ou bien il dira encore : « Je puis, pour diverses raisons, me réjouir de la bonne opinion des autres, peut-être parce que je les honore et les aime, et je me réjouis de toutes leurs joies, peut-être aussi parce que leur opinion souligne et renforce en moi la foi en ma propre bonne opinion, peut-être parce que la bonne opinion d'autrui, même dans les cas où je ne la partage pas, m'est pourtant utile ou me promet de l'être — mais tout cela n'est pas de la vanité ». L'homme noble doit avant tout se forcer à croire, surtout à l'aide de l'histoire, que depuis des temps immémoriaux, dans toutes les couches populaires dépendantes, l'homme du commun n'était que ce qu'il *passait* pour être. Comme celui-ci n'était pas habitué à créer des valeurs par lui-même, il ne s'attribuait pas d'autre valeur que celle que lui prêtaient ses maîtres (créer des valeurs, c'est par excellence le *droit* des *maîtres*). Sans doute il faut attribuer à un prodigieux atavisme le fait que l'homme commun, aujourd'hui encore, attend que l'on se soit fait une opinion sur lui, pour s'y soumettre ensuite instinctivement ; et il se soumet non seulement à une « bonne » opinion, mais encore à une opinion mauvaise et injuste (que l'on songe par exemple à la grosse part d'appréciation et de dépréciation de soi que les femmes pieuses apprennent de leur confesseur et qu'en général le chrétien croyant apprend de son église). En réalité, grâce à la lente marche en avant de l'ordre démocratique (et de ce qui en est cause, le mélange des races dominantes et des races esclaves), le penchant, jadis solide et rare, de s'appliquer à soi-même une valeur propre et d'être « bien pensant » au sujet de soi, sera maintenant de plus en plus encouragé et se développera toujours davantage. Mais ce penchant aura toujours contre lui une tendance plus ancienne, plus large, plus essentiellement vitale, et, dans le phénomène de la « vanité », cette tendance plus ancienne se rendra maîtresse de la plus récente. Le vaniteux se réjouit de *toute* bonne opinion que l'on a de lui (sans se mettre au point de vue de l'utilité de cette opinion, sans prendre en considération son caractère vrai ou faux), comme d'ailleurs il souffre aussi de toute mauvaise opinion, car il s'assujettit à deux opinions, il se sent assujetti, à cause de cet instinct de soumission d'origine plus ancienne qui prend le dessus. — C'est l'« esclave » dans le vaniteux, un résidu de la rouerie de l'esclave — et combien y a-t-il d'éléments « esclaves » qui subsistent encore, dans la femme par exemple ! — qui cherche à égarer la bonne opinion sur son compte. C'est encore l'esclave qui se met aussitôt à se prosterner devant cette opinon, comme si ce n'était pas lui qui l'a provoquée. — Et, je le répète, la vanité est un atavisme.

262.

Une *espèce* se forme, un type devient stable et fort par le long combat contre des conditions constantes et essentiellement *défavorables*. On sait, d'autre part, l'expérience des éleveurs en fait foi, que les espèces auxquelles est départie une nourriture surabondante, et, en général, un excédent de protection et de soins, penchent aussitôt, de la façon la plus intense, vers les variations du type et deviennent riches en caractères extraordinaires et en monstruosités (et aussi en vices monstrueux). Que l'on considère donc une communauté aristocratique, une antique *polis* grecque par exemple, ou peut-être Venise, en tant qu'institutions volontaires ou involontaires en vue de *l'éducation*. Il y a là une agglomération d'hommes, abandonnés à eux-mêmes, qui veulent faire triompher leur espèce, généralement parce qu'ils sont *forcés* de s'imposer sous peine de se voir exterminés. Ici ce bien-être, cette surabondance, cette protection qui favorisent les variations font défaut ; l'espèce a besoin de l'espèce en tant qu'espèce, comme de quelque chose qui, justement grâce à sa dureté, à son uniformité, à la simplicité de sa forme, peut s'imposer et se rendre durable dans la lutte perpétuelle avec les voisins ou avec les opprimés en révolte, ou menaçant sans cesse de se révolter. L'expérience la plus multiple apprend à l'espèce grâce à quelles qualités surtout, en dépit des dieux et des hommes, elle existe toujours et a toujours remporté la victoire. Ces qualités elle les appelle vertus, ces vertus seules elle les développe. Elle le fait avec dureté, elle exige même la dureté. Toute morale aristocratique est intolérante dans l'éducation de la jeunesse, dans sa façon de disposer des femmes, dans les mœurs matrimoniales, dans les rapports des jeunes et des vieux, dans les lois pénales (lesquelles ne prennent en considération que ceux qui dégénèrent). Elle range l'intolérance même au nombre des vertus sous le nom d'« équité ». Un type qui présente peu de traits, mais des traits fort prononcés, une espèce d'hommes sévère, guerrière, sagement muette, fermée, renfermée (et, comme telle, douée de la sensibilité la plus délicate pour le charme et les *nuances* de la société), une telle espèce est fixée de la sorte au-dessus du changement des générations. La lutte continuelle contre des conditions toujours également *défavorables* est, je le répète, ce qui rend un type stable et dur. Enfin un état plus heureux finit cependant par naître, la tension formidable diminue ; peut-être n'y a-t-il plus d'ennemis parmi les voisins, et les moyens d'existence, même de jouissance de l'existence, deviennent surabondants. D'un seul coup se brisent les liens de la contrainte de l'ancienne discipline : elle n'est plus considérée comme nécessaire, elle n'est plus condition d'existence, — si elle voulait subsister elle ne le pourrait que comme une forme du *luxe*, comme *goût* archaïque. La variation, soit sous forme de transformation (en quelque chose de plus haut, de plus fin, de plus rare), soit sous forme de dégénérescence et de monstruosité, paraît aussitôt en scène dans toute sa plénitude et sa splendeur, l'être unique ose être unique et se détacher du reste. A ce point critique de l'histoire se montrent, juxtaposés et souvent enchevêtrés et emmêlés, les efforts de croissance et d'élévation les plus uperbes, les plus multiples et les plus touffus. C'est une sorte d'allure *tropique* dans la rivalité de croissance, et une prodigieuse course à la chute et à l'abîme, grâce aux égoïsmes tournés les uns contre les autres qui éclatent en quelque sorte, luttent ensemble pour « le soleil et la lumière » et ne savent plus trouver de limites, de frein et de modération dans la morale jusque-là régnante. Ce fut cette morale elle-même qui avait amassé la force jusqu'à l'énormité, qui avait tendu l'arc d'une façon si menaçante ; maintenant elle est surmontée, elle a « vécu ». Le point périlleux et inquiétant est atteint, où la vie plus grande, plus multiple, plus vaste, *l'emporte* sur la vieille morale ; « l'individu » est là, forcé à se donner à lui-même des lois, à avoir son art propre et ses ruses pour la conservation, l'élévation et l'affranchissement de soi. Rien que de nouveaux *pourquoi* et de nouveaux *comment?* plus de formules générales, des méprises et des mépris ligués ensemble, la chute, la corruption et les désirs les plus hauts joints et épouvantablement enchevêtrés, le génie de la race débordant de toutes les coupes du bien et du mal, une simultanéité fatale de printemps et d'automne, pleine d'attraits nouveaux et de mystères, propres à la corruption jeune, point encore épuisée et lassée. De nouveau, le danger se présente, le père de la morale, le grand danger, cette fois transporté dans l'individu, dans le proche et dans l'ami, dans la rue, dans son propre enfant, dans son propre cœur, dans tout ce qui est le plus propre et le plus mystérieux en fait de désirs et de volontés. Les moralistes qui arrivent en ce temps qu'auront-ils à prêcher ? Ils découvriront, ces subtils observateurs debout au coin des rues, que c'en est bientôt fait, que tout autour d'eux se corrompt et corrompt, que rien ne dure jusqu'au surlendemain, une seule espèce d'hommes exceptée, l'incurablement *médiocre*. Les médiocres seuls ont la perspective de se continuer, de se reproduire, — ils sont les hommes de l'avenir, les seuls qui survivent. « Soyez comme eux, devenez médiocres ! » c'est aujourd'hui la seule morale qui ait encore un sens, qui trouve encore des oreilles pour l'écouter. — Mais elle est difficile à prêcher, cette morale de la médiocrité ! — elle n'ose jamais avouer ce qu'elle est et ce qu'elle veut ! elle doit parler de mesure, de dignité et de devoir, et d'amour du prochain, — elle aura de la peine à *dissimuler son ironie* !—

263.

Il y a un *instinct pour le rang* qui, plus que toute autre chose, est déjà l'indice d'un rang *supérieur*; il y a une *volupté* dans les nuances du respect qui fait deviner l'origine et les habitudes nobles. La délicatesse, la valeur et la hauteur d'une âme sont mises à une périlleuse épreuve lorsque passe, devant cette âme, quelque chose qui est de premier ordre, mais qui n'est pas encore gardé contre les attaques importunes et grossières par l'effroi qu'inspire l'autorité; quelque chose qui suit son chemin, qui ne porte pas encore d'estampille, quelque chose d'inexploré, plein de tentations, peut-être voilé et déguisé volontairement, comme si c'était une vivante pierre de touche. Celui dont c'est la tâche et l'habitude de sonder les âmes, se servira des formes multiples de cet art pour déterminer la valeur dernière d'une âme, l'ordre inné et inébranlable auquel appartient celle-ci ; il la mettra à l'épreuve pour déterminer son *instinct de respect*. *Différence engendre haine* : la vulgarité de certaines natures jaillit soudain à la lumière comme l'eau malpropre lorsqu'un calice sacré, un joyau précieux sorti du mystère d'un écrin ou un livre marqué au sceau d'une vaste destinée passent au grand jour ; et d'autre part il y a un silence involontaire, une hésitation de l'œil, un arrêt dans le geste qui expriment qu'une âme *sent* l'approche de quelque chose qui est digne de vénération. La façon dont le respect de la *Bible* a généralement été maintenu jusqu'à présent en Europe est peut-être le meilleur élément de discipline et de raffinement des mœurs dont l'Europe soit redevable au christianisme. Des livres d'une telle profondeur et d'une importance aussi suprême ont besoin de la tyrannie d'une autorité qui vient du dehors, pour arriver ainsi à cette durée de milliers d'années indispensable pour les saisir et les comprendre entièrement. On a fait un grand pas en avant lorsqu'on a fini par inculquer aux grandes masses (aux esprits plats qui ont la digestion rapide) ce sentiment qu'il est défendu de toucher à tout, qu'il y a des événements sacrés où elles n'ont accès qu'en ôtant leurs souliers et auxquels il ne leur est pas permis de toucher avec des mains impures, — c'est peut-être la meilleure façon de leur faire comprendre l'humanité. Au contraire, rien n'est aussi répugnant, chez les êtres soi-disant cultivés, chez les sectateurs des « idées modernes », que leur manque de pudeur, leur insolence familière de l'œil et de la main qui les porte à toucher à tout, à goûter de tout et à tâter de tout; et il se peut qu'aujourd'hui, dans le peuple, surtout chez les paysans, il y ait plus de noblesse *relative* du goût, plus de sentiment de respect, que dans ce demi-monde particulier des esprits qui lisent les journaux, chez les gens cultivés

264.

On ne peut effacer dans l'âme d'un homme l'empreinte de ce que ses ancêtres ont fait avec le plus de prédilection et de constance : soit qu'ils aient été, par exemple, gens d'épargne, bureaucrates ou caissiers, modestes et bourgeois dans leurs désirs, modestes aussi dans leurs vertus; soit qu'ils aient vécu dans l'habitude du commandement adonnés à des plaisirs grossiers et, à côté de cela, peut-être à des responsabilités et à des devoirs plus grossiers encore; soit qu'enfin il leur soit arrivé de sacrifier d'antiques privilèges de naissance ou de fortune pour vivre entièrement selon leur foi (selon leur « Dieu »), comme des hommes d'une conscience inflexible et tendre, rougissant de toute compromission. Il est impossible qu'un homme n'ait *pas* dans le sang les qualités et les prédilections de ses parents et des ancêtres, quoique les apparences puis sent faire croire le contraire. Ceci est le problème de la race. Pourvu qu'on connaisse quelque chose au sujet des parents, on pourra tirer des conclusions pour ce qui concerne l'enfant : s'il s'agit d'une intempérance choquante, d'une envie mesquine, d'une lourde vantardise — ces trois particularités réunies ont de tout temps formé le vrai type plébéien, — tout cela se transmet à l'enfant aussi sûrement que la corruption du sang, et par l'éducation, fût-elle même la meilleure, on ne pourra effacer que l'*apparence* d'une telle hérédité. — Mais n'est-ce pas là aujourd'hui le but de l'éducation et de la culture ! A notre époque très démocratique, ou, plutôt très plébéienne, « l'éducation » et la « culture » *doivent* être surtout l'art de tromper sur l'origine, sur l'atavisme populacier dans l'âme et le corps. Un éducateur qui aujourd'hui prêcherait avant tout la vérité et crierait constamment à ses élèves : « soyez vrais ! soyez naturels ! montrez-vous tels que vous êtes ! » — un pareil âne, vertueux et candide, apprendrait même, au bout de quelque temps, à recourir à la *furca* d'Horace pour *naturam expellere*. Avec quel résultat ? « La populace » *usque recurret*. —

265.

Au risque de scandaliser les oreilles naïves, je pose en fait que l'égoïsme appartient à l'essence des âmes nobles ; j'entends affirmer cette croyance immuable qu'à un être tel que « nous sommes » d'autres êtres doivent être soumis, d'autres êtres doivent se sacrifier. L'âme noble accepte l'existence de son égoïsme sans avoir de scrupules, et aussi sans éprouver un sentiment de dureté, de contrainte, de caprice, mais plutôt comme quelque chose qui doit avoir sa raison d'être dans la loi fondamentale des choses. Si elle voulait donner un nom à cet état de faits, elle dirait : « c'est la justice même ». Elle s'avoue, dans des circonstances qui d'abord la font hésiter, qu'il y a des êtres dont les droits sont égaux aux siens ; dès qu'elle a résolu cette question du rang, elle se comporte envers ses égaux, privilégiés comme elle, avec le même tact dans la pudeur et le respect délicat que dans son commerce avec elle-même, — conformément à un mécanisme céleste qu'elle connaît de naissance comme toutes les étoiles. C'est encore un signe de son égoïsme, que cette délicatesse et cette circonspection dans ses rapports avec ses semblables. Chaque étoile est animée de cet égoïsme : elle s'honore *elle-même* dans les autres étoiles et dans les droits qu'elle leur abandonne ; elle ne doute pas que cet échange d'honneurs et de droits, comme l'*essence* de tout commerce, n'appartienne aussi à l'état naturel des choses. L'âme noble prend comme elle donne, par un instinct d'équité passionné et violent qu'elle a au fond d'elle-même. Le concept « grâce » n'a pas de sens, n'est pas en bonne odeur *inter pares* ;

il peut y avoir une manière sublime de laisser descendre sur soi les bienfaits d'en haut et de les boire avidement comme des gouttes de rosée, mais une âme noble n'est pas née pour cet art et pour cette attitude. Son égoïsme ici fait obstacle : elle ne regarde pas volontiers « en haut », mais plutôt *devant* elle, lentement et en ligne droite, ou vers en bas : — *elle sait qu'elle est sur la hauteur.*

266.

« On ne peut estimer véritablement que celui qui ne se *cherche* pas soi-même ».— Gœthe au conseiller Schlosser.

267.

Il y a chez les Chinois un proverbe que les mères apprennent déjà à leurs enfants : *Siao-sin*. — « Rends ton cœur *petit!* » Voilà le penchant véritable des civilisations avancées. Je suis certain qu'un Grec de la Grèce antique trouverait avant tout, chez nous autres Européens, la tendance au rapetissement de soi, — et, par cela seul, nous ne serions pas « selon son goût ». —

268.

Qu'appelle-t-on commun, en fin de compte? — Les mots sont des signes verbaux pour désigner des idées; les idées, elles, sont des signes imaginatifs, plus ou moins précis, correspondant à des sensations qui reviennent souvent et en même temps, des groupes de sensations. Il ne suffit pas, pour se comprendre mutuellement, d'employer les mêmes mots. Il faut encore user des mêmes mots pour le même genre d'événements intérieurs, il faut enfin que les expériences de l'individu lui soient *communes* avec celles d'autres individus. C'est pourquoi les hommes d'un même peuple se comprennent mieux entre eux que ceux qui appartiennent à différents peuples; mais lorsque les peuples différents emploient le même idiome, ou plutôt, lorsque des hommes placés dans les mêmes conditions (de climat, de sol, de dangers, de besoins, de travail) ont longtemps vécu ensemble, il se *forme* quelque chose « qui se comprend », c'est-à-dire un peuple. Dans toutes les âmes un nombre égal de faits qui reviennent souvent l'a emporté sur les faits qui reviennent plus rarement. Sur les premiers on s'entend vite, toujours plus vite — l'histoire de la langue est l'histoire d'un procédé d'abréviation. A cause de cette entente rapide, on s'unit de plus en plus étroitement. Plus le danger est grand et plus grand est le besoin de s'entendre vite et facilement sur ce dont on a besoin ; ne pas s'exposer à un malentendu dans le danger, telle est la condition indispensable pour les hommes dans leur commerce réciproque. On s'en aperçoit aussi dans toute espèce d'amitié et d'amour. Aucun sentiment de cet ordre ne dure, si, tout en usant des mêmes paroles, l'un des deux sent, pense, pressent, éprouve, désire, craint autrement que l'autre. (La crainte de « l'éternel malentendu » : tel est le bienveillant génie qui retient si souvent des personnes de sexe différent de contracter les unions précipitées que conseillent les sens et le cœur; ce n'est nullement une sorte de « génie de l'espèce », comme l'a imaginé Schopenhauer —1) Savoir quels sont, dans une âme, les groupes de sensations qui s'éveillent le plus rapidement, qui prennent la parole, donnent des ordres, c'est là ce qui décide du classement complet de la valeur de ces sensations, c'est là ce qui, en dernière instance, fixe leur table de valeurs. Les appréciations d'un homme présentent des révélations au sujet de la *structure* de son âme, montrent où celle-ci voit ses conditions d'existence, son véritable besoin. Si l'on admet donc que, de tous temps, le besoin n'a rapproché que des hommes qui pouvaient désigner, au moyen de signes semblables, des nécessités semblables, des impressions semblables, il résulte, dans l'ensemble, que la *facilité de communiquer* le besoin, c'est-à-dire, en somme, le fait de n'éprouver que des sensations moyennes et *communes*, a dû être la force la plus puissante de toutes celles qui ont dominé l'homme jusqu'ici. Les hommes les plus semblables et les plus ordinaires eurent toujours et ont encore l'avantage; l'élite, les hommes raffinés et rares, plus difficiles à comprendre, courent le risque de rester seuls et, à cause de leur isolement, ils succombent aux dangers et se reproduisent rarement. Il faut faire appel à de prodigieuses forces adverses pour entraver ce naturel, trop naturel *progressus in simile*, le développement de l'homme vers le semblable, l'ordinaire, le médiocre, le troupeau — *le commun !*

269.

Plus un psychologue — un psychologue prédestiné et un devineur d'âmes — se tourne vers les cas et les hommes exceptionnels, plus est grand pour lui le danger d'être étouffé par la compassion. Il a *besoin* de dureté et de gaîté plus qu'avec un autre homme. Car la corruption, la course à l'abîme des hommes supérieurs, des âmes d'espèce étrange, est la règle. Or, il est terrible d'avoir toujours cette règle devant les yeux. Le martyre compliqué du psychologue qui a découvert cette course à l'abîme, qui découvre une fois, puis *presque* toujours à nouveau et dans l'histoire tout entière, cette complète « désespérance » intérieure de l'homme supérieur, cet éternel « trop tard ! » dans tous les sens, — ce martyre, dis-je, pourra, un jour, être cause que l'homme supérieur se tourne avec amertume contre sa propre destinée, et tente de se détruire — de se faire « périr » lui-même. On remarque chez presque tous les psychologues un penchant significatif et un plaisir à fréquenter des hommes vulgaires, les hommes qui vivent selon la règle : le psychologue laisse deviner par là qu'il a toujours besoin de guérir, qu'il a besoin de fuir, d'oublier, de rejeter ce que son regard et son scalpel, ce que son « métier » lui a mis sur la conscience. La crainte de sa mémoire lui est particulière. Il lui arrive souvent de se taire devant le jugement d'autrui : alors il écoute avec un visage impassible, pour entendre comment on honore, on admire, on aime, on glorifie, là où il s'est contenté de *regarder*. Ou bien il cache encore davantage son mutisme en approuvant expressément une quelconque opinion de premier plan. Peut-être le caractère paradoxal de sa situation s'approche-t-il tellement de l'épouvantable que la masse, les civilisés, les exaltés, apprendront de leur côté la haute vénération, quand lui n'a éprouvé que la grande pitié à côté du grand mépris, — la vénération pour les « grands hommes » et les bêtes prodigieuses, à cause desquels on bénit et on honore sa patrie, la terre, la dignité humaine et soi-même, proposant ces hommes comme modèle et comme système d'éducation à la jeunesse, voulant façonner la jeunesse d'après eux ... Et qui sait si jusqu'à présent, dans tous les cas importants le même phénomène ne s'est pas produit : la multitude adorait un Dieu, — et le « Dieu » n'était qu'une pauvre victime ! Le succès fut toujours un grand menteur, — et l' « œuvre » elle-même est un succès ; le grand homme d'Etat, le conquérant, l'inventeur sont déguisés dans leurs créations jusqu'à en être méconnaissables. L'« œuvre », celle de l'artiste, du philosophe, invente d'abord celui qui l'a créée, que l'on suppose l'avoir créée ; les « grands hommes », tels qu'ils sont honorés, sont de mauvais petits poèmes faits après coup ; dans le monde des valeurs historiques *règne* le faux monnayage. Ces grands poètes par exemple, les Byron, les Musset, les Poë, les Léopardi, les Kleist, les Gogol (je n'ose nommer de plus grands noms, mais c'est à eux que je pense), — tels qu'ils sont, tels qu'ils doivent être, comme il semble — homme du moment, exaltés, sensuels, enfantins, passant brusquement et sans raison de la confiance à la défiance ; avec des âmes où se cache généralement quelque fêlure ; se vengeant souvent par leurs ouvrages d'une souillure intime, cherchant souvent par leur essor à fuir une mémoire trop fidèle, souvent égarés dans la boue et s'y complaisant presque, jusqu'à ce qu'ils deviennent semblables aux feux follets qui, s'agitant autour des marécages, se *déguisent* en étoiles — le peuple les appelle alors idéalistes, — souvent en lutte avec un long dégoût, avec un fantôme d'incrédulité qui reparaît sans cesse, les refroidit et les réduit à avoir soif de gloire, à se repaître de la « foi en eux-mêmes » que leur jette quelques flatteurs enivrés. Quels *martyrs* sont ces grands artistes et en général les hommes supérieurs aux yeux de celui qui les a une fois devinés !

Il est bien compréhensible que, pour la femme
— qui est clairvoyante dans le monde de la souffrance et, malheureusement aussi, avide d'aider et
de secourir bien au delà de ses forces, — les grands
hommes aient été une proie si facile aux explosions
d'une *compassion* immense et dévouée qui va jusqu'au sacrifice. Mais la foule, et surtout la foule qui
vénère, ne les comprend pas, et elle charge cette pitié
d'interprétations indélicates et vaniteuses. Aussi
la compassion se trompe-t-elle invariablement sur
sa force : la femme voudrait se persuader que l'amour peut *tout*, — c'est là sa *superstition* propre.
Hélas ! celui qui connaît le cœur humain devine combien pauvre, impuissant, présomptueux, inhabile,
est l'amour, même le meilleur, même le plus profond,
combien il détruit plus qu'il ne réconforte ! — Il est
possible que, sous la fable sainte et le déguisement
de la vie de Jésus, se cache un des cas les plus douloureux du martyre *de la conscience de l'amour*, le
martyre du cœur le plus innocent et le plus avide,
auquel *ne suffisait aucun* amour humain, du cœur
qui désirait l'amour, qui voulait être aimé et rien
que cela, avec dureté, avec frénésie, avec de terribles
explosions contre ceux qui lui refusaient l'amour.
C'est l'histoire d'un pauvre être insatisfait et insatiable dans l'amour d'un être qui dut inventer l'enfer pour y précipiter ceux qui ne *voulaient pas*
l'aimer, — et qui, enfin éclairé sur l'amour des
hommes, fut forcé d'inventer un Dieu qui fût tout

amour, totalement *puissance d'amour*, — qui eût pitié de l'amour humain parce cet amour est si misérable, si ignorant! Celui qui sent ainsi, qui *connaît* ainsi l'amour — *cherche* la mort. Mais pourquoi poursuivre des choses aussi douloureuses? En supposant qu'on n'y soit pas obligé. —

270.

L'orgueil et le dégoût intellectuel chez l'homme qui a profondément souffert — le rang est déjà presque déterminé par le *degré* de souffrance qu'un homme peut endurer, — la certitude terrible, dont l'homme est tout imprégné et coloré, la certitude de *savoir plus*, grâce à sa souffrance, que ne peuvent savoir les plus intelligents et les plus sages, de connaître des mondes lointains et effrayants dont « *vous* ne savez rien », d'y être « comme chez soi »... cet orgueil de la souffrance, orgueil spirituel et muet, cette fierté de l'élu par la connaissance, de « l'initié », de la victime presque sacrifiée, croit toutes formes du déguisement nécessaires pour se protéger du contact des mains importunes et compatissantes et en général de tout ce qui n'est pas son égal dans la souffrance. La profonde douleur rend noble; elle sépare. Une des formes les plus délicates du déguisement c'est un certain épicurisme, une parade de hardiesse dans le goût, une affectation de prendre la douleur à la légère et de se défendre contre toute tristesse et toute profondeur. Il y a des

« hommes gais » qui se servent de la gaîté, parce que, à cause d'elle, on se méprend sur leur compte, mais ils *veulent* précisément qu'on se méprenne. Il y a des « hommes scientifiques » qui se servent de la science, parce qu'elle leur donne un aspect gai, et parce que la science fait conclure qu'ils sont superficiels, mais ils *veulent* induire à une fausse conclusion. Il y a des esprits libres et impudents qui voudraient cacher et nier qu'ils ont le cœur brisé, mais fièrement incurable (le cynisme d'Hamlet — le cas Galiani), et parfois la folie même est un masque qui cache un savoir fatal et trop sûr. — D'où il appert que c'est le fait d'une humanité délicate d'avoir du respect « pour le masque » et de ne pas employer, en des endroits inopportuns, la psychologie et la curiosité.

271.

Ce qui sépare le plus profondément deux hommes, c'est un sens et un degré différents de propreté. Qu'importent l'honnêteté et l'utilité réciproque, qu'importe la bonne volonté de l'un à l'égard de l'autre! Le résultat est toujours le même — ils « ne peuvent pas se sentir! » Le plus haut instinct de propreté rejette celui qui en est atteint dans la solitude la plus bizarre et la plus dangereuse, comme s'il était un saint : car c'est précisément là de la sainteté, que de pouvoir ainsi spiritualiser cet instinct. Il y a un certain pressentiment singulier qui fait goûter d'avance le bonheur indescriptible qu'il peut y avoir à prendre un bain, c'est une certaine ardeur, une soif qui pousse sans cesse l'âme hors de la nuit, dans le matin, hors du trouble, de la « détresse » dans la clarté, dans ce qui est brillant, profond, délicat. Dans la même mesure où un tel penchant *distingue* — c'est un penchant noble — il *sépare* aussi. La compassion du saint est de la compassion pour la *malpropreté* de ce qui est « humain ». Il y a des degrés et des hauteurs où la compassion même est regardée par lui comme une impureté, comme une malpropreté...

272.

Signes de noblesse : ne jamais songer à rabaisser nos devoirs à être des devoirs pour tout le monde ; ne pas vouloir renoncer à sa propre responsabilité, ne pas vouloir la partager ; compter ses privilèges et leur exercice au nombre de nos *devoirs*.

273.

Un homme qui aspire à de grandes choses regarde tous ceux qu'il rencontre sur sa route soit comme moyens, soit comme cause de retard et comme obstacles — soit encore comme des reposoirs où il s'arrête momentanément. La *bonté* de haute marque envers son prochain, qui est le propre de cet homme, ne devient possible que quand il est arrivé à sa propre hauteur et qu'il commence à dominer. Une certaine impatience et la conscience d'avoir été toujours condamné à la comédie — car la guerre même n'est qu'une comédie et une cachette, car tous les moyens ne servent qu'à cacher le but, — le troublent dans toutes ses relations : ce genre d'homme connaît la solitude et ce qu'elle a de plus empoisonné.

274.

Le problème de celui qui attend. — Il faut les coups du hasard et l'imprévu pour qu'un homme supérieur, en qui sommeille la solution d'un problème, se mette à agir en temps voulu — pour qu'il « éclate », pourrait-on dire. Généralement, cela n'arrive *pas* et, dans tous les coins du monde, il y a des hommes qui attendent et qui ne savent pas ce qu'ils attendent vainement. Parfois aussi le cri d'éveil arrive trop tard, ce hasard qui donne la « permission » d'agir, — alors que la plus belle jeunesse, la meilleure force active se sont perdues dans l'inaction ; et combien y en a-t-il qui, s'étant mis à « sursauter », se sont aperçus avec terreur que leurs membres étaient endormis, que leur esprit était déjà trop lourd ! « Il est trop tard », — se sont-ils dits alors, rendus incrédules à leur propre égard et dès lors inutiles pour toujours. — Dans le domaine du génie le « Raphaël sans mains », ce mot pris dans son sens le plus large, ne serait-il pas, non l'exception, mais la règle ? — Le génie n'est peut-être pas du tout si rare, mais les cinq cents *mains* qui lui sont nécessaires pour maîtriser le καιρός, « le temps opportun », pour saisir le hasard par les cheveux!

275.

Celui qui ne *veut pas* voir la hauteur d'un homme regarde, avec d'autant plus de pénétration, ce qui est vulgaire et superficiel en lui — et par là se trahit lui-même.

276.

Pour toute espèce de blessure et de dommage, l'âme inférieure et grossière est mieux constituée que l'âme noble. Les dangers que court celle-ci sont donc forcément plus grands. La probabilité de son échec et de sa perte est même beaucoup plus grande à cause de la diversité de ses conditions d'existence. — Chez un lézard un doigt perdu repousse, mais non pas chez l'homme. —

277.

— Voilà qui est fâcheux! C'est toujours la vieille histoire! Lorsque l'on a fini de se bâtir sa maison, on s'aperçoit soudain qu'en la bâtissant on a appris quelque chose qu'on aurait *dû* savoir avant de commencer. L'éternel et douloureux « trop tard! » — La mélancolie de tout *achèvement!* —

278.

— Voyageur errant, qui es-tu ? Je te vois poursuivre ta route sans dédain, sans amour, avec des yeux indéfinisables, humides et tristes, semblable à une sonde qui, insatisfaite, est revenue des profondeurs à la lumière — qu'a-t-elle donc cherché là en bas? — avec une poitrine qui ne soupire pas, une lèvre qui cache son dégoût, une main qui ne saisit plus que lentement : qui es-tu ? qu'as-tu fait ? Repose-toi ici : cet endroit est hospitalier à chacun, — réconforte-toi ! Et qui que tu sois, dis-moi ce qui te plaît à présent? ce qui te sert de réconfort ? Dis-le : tout ce que j'ai, je te l'offre ! — « De réconfort ? de réconfort ? Homme curieux, que dis-tu là ! Donne-moi donc, je te prie — —. » — Quoi ? quoi ? parle ! — « Un masque de plus ! un second masque ! » —

279.

Les hommes affligés d'une profonde tristesse se trahissent lorsqu'ils sont heureux : ils ont une façon de saisir le bonheur comme s'ils voulaient l'étreindre et l'étouffer par jalousie... Hélas ! ils savent trop bien que le bonheur fuit devant eux !

280.

« Comme c'est fâcheux ! Ne voilà-t-il pas qu'il retourne — en arrière ? » — Oui ! mais vous le comprenez mal si vous vous en plaignez. Il recule, comme tous ceux qui se préparent à faire un bond énorme. —

281.

— « Me croira-t-on si j'exige que l'on me croie? J'ai toujours très mal pensé à moi et de moi, et seulement en des cas très rares, par contrainte, toujours sans prendre plaisir « à la chose », prêt à m'écarter « de moi », toujours sans croire au résultat, et cela grâce à une invincible méfiance à l'égard de la *possibilité* de la connaissance de soi, une méfiance qui m'a conduit si loin, que je considérais même comme une *contradictio in adjecto* l'idée de la « connaissance immédiate » que les théoriciens se permettent. Tout cet état de fait est presque ce que je sais de plus certain à mon sujet. Il faut qu'il y ait en moi une sorte de répugnance à *croire* quelque chose de précis sur mon compte. — Y a-t-il là peut-être une énigme? C'est probable! Heureusement qu'elle n'est pas destinée à mes propres dents. — Peut-être cette énigme révèle-t-elle l'espèce à laquelle j'appartiens? Mais pas à moi-même : ce dont je suis très heureux. »

282.

— « Mais que t'est-il arrivé ? » — « Je ne sais, dit-il, avec hésitation; peut-être le vol des Harpies a-t-il passé au-dessus de ma table. » — Il arrive parfois aujourd'hui qu'un homme doux, mesuré, circonspect, devienne tout à coup enragé, qu'il casse les assiettes, renverse la table, crie, se démène, offense tout le monde, — et qu'il finisse enfin par s'en aller à l'écart, honteux, enragé contre lui-même. Où? Pourquoi? Pour mourir de faim dans l'isolement? Pour être étouffé par son souvenir? — Celui qui possède les désirs d'une âme haute et difficile et qui ne trouve que rarement sa table servie, sa nourriture prête, sera toujours en face d'un grand danger. Mais aujourd'hui ce danger est extraordinaire. Jeté dans une époque bruyante et populacière, dont il ne veut pas partager les plats, il court risque de mourir de faim et de soif, mais s'il se décide enfin à « être de la fête » — il périra d'un dégoût subit. — Nous nous sommes probablement tous assis déjà à des tables où notre présence était déplacée; et précisément les plus intellectuels d'entre nous, qui sont aussi le plus difficiles à nourrir, connaissent cette dangereuse dyspepsie qui naît soudain lorsque nous vient la connaissance et que l'on nous présente la désillusion qu'inspirent les mets et notre voisinage de table, — *le dégoût au dessert*.

283.

Il y a une domination de soi, à la fois délicate et noble, qui consiste à ne louer, en admettant que l'on soit disposé à louer, à ne louer que quand on n'est *pas* d'accord. Dans le cas contraire on se louerait soi-même, ce qui est contraire au bon goût. Sans doute, c'est là une domination de soi qui court toujours le risque d'être *mal comprise*. Il faut, pour pouvoir se permettre ce véritable luxe de goût et de moralité, ne pas vivre parmi les imbéciles intellectuels, mais plutôt parmi des hommes qui, avec leurs malentendus et leurs erreurs, réjouissent encore par leur délicatesse, autrement l'on en pâtirait cruellement. — « Il me loue, *donc* il me donne raison » — cette ânerie de logique nous gâte la moitié de la vie, à nous autres ermites, car elle amène les ânes dans notre voisinage et notre amitié.

284.

Vivre avec un sang-froid énorme et fier; mais avoir l'esprit tourné toujours au delà. — Avoir ou ne pas avoir, à son choix, ses passions, son pour et son contre, s'y appuyer pendant des heures, s'y mettre comme à cheval, souvent comme à âne. Car il faut savoir se servir de la bêtise de ses passions aussi bien que de leur fougue. Il faut savoir se conserver ses trois cents premiers plans et aussi ses lunettes noires : car il y a des cas où personne ne doit nous regarder dans les yeux : encore moins plonger dans le « fond » de nos causes. Et choisir pour compagnie ce vice gamin et joyeux, la politesse. Et rester maître de ses quatre vertus : le courage, la pénétration, la sympathie la solitude. Car la solitude est chez nous une vertu, elle est un penchant sublime et un besoin de propreté. Cette vertu devine ce que vaut le contact des hommes, — « en société » — contact inévitablement malpropre. Toute communion, de quelque façon qu'elle se manifeste, soit en un point quelconque, soit à un moment quelconque — rend « commun ».

285.

Les plus grands événements et les plus grandes pensées — mais les plus grandes pensées sont les plus grands événements — ne peuvent être compris que très tard : les générations qui leur sont contemporaines n'ont pas ces événements, dans leur vie elles passent à côté. Il arrive ici quelque chose d'analogue à ce que l'on observe dans le domaine des astres. La lumière des étoiles les plus éloignées parvient en dernier lieu aux hommes ; et, avant son arrivée, les hommes *nient* qu'il y ait là... des étoiles. « Combien faut-il de siècles à un esprit pour être compris ? » — c'est là aussi une mesure, un moyen de créer un rang et une étiquette tels qu'il en est besoin : pour l'esprit et pour l'étoile.

286.

« Ici la vue est libre et l'esprit élevé (1) ». —

(1) Vers célèbre du *Faust* de Gœthe, deuxième partie, acte V. — N. d. T.

Mais il y a une espèce contraire d'hommes qui, elle aussi, se trouve sur la hauteur et dont la vue est libre elle aussi — mais cette espèce regarde *en bas*.

287.

— Qu'est-ce qui est noble ? Que signifie aujourd'hui pour nous le mot « noble » ? A quoi devine-t-on, à quoi reconnaît-on, sous ce ciel noir et bas du règne de la plèbe qui commence, dans cette atmosphère qui rend toute chose opaque et pesante, à quoi reconnaît-on l'homme noble ? — Ce ne sont pas les actes qui l'affirment, — les actes sont toujours ambigus, toujours insondables ; — ce ne sont pas non plus les « œuvres ». On trouve aujourd'hui, parmi les artistes et les savants, un grand nombre de ceux qui révèlent, par leurs œuvres, qu'un ardent désir les pousse vers ce qui est noble : mais ce besoin de noblesse même est profondément différent des besoins d'une âme noble, il est précisément chez eux le signe éloquent et dangereux de leur manque de noblesse. Ce ne sont pas les œuvres, c'est la *foi* qui décide ici, qui fixe le rang, pour reprendre une vieille formule religieuse dans un sens nouveau et plus profond : c'est une certaine connaissance foncière qu'une âme noble a d'elle-même, quelque chose qui ne se laisse ni chercher, ni trouver, et qui peut-être ne se laisse pas perdre non plus. — *L'âme noble a le respect de soi-même.*

288.

Il y a des hommes chez qui l'esprit est une chose inévitable, ils ont beau se tourner et se retourner comme ils voudront, et cacher de la main leurs yeux révélateurs (— comme si la main n'était pas traîtresse, elle aussi —). En fin de compte, il apparaît toujours qu'ils ont quelque chose qu'ils cachent, c'est-à-dire de l'esprit. Un des moyens les plus raffinés pour tromper, aussi longtemps que possible du moins, et pour avoir l'air plus bête que l'on n'est, avec succès — ce qui dans la vie commune est aussi désirable qu'un parapluie, — s'appelle *l'enthousiasme* : y compris les accessoires, par exemple la vertu. Car, comme dit Galiani qui devait le savoir, *vertu est enthousiasme*.

289.

Dans les écrits d'un solitaire, on entend toujours quelque chose comme l'écho du désert, comme le murmure et le regard timide de la solitude ; dans ses paroles les plus fortes, dans son cri même, il y a le sous-entendu d'une manière de silence et de mutisme, manière nouvelle et plus dangereuse. Pour celui qui est resté pendant des années, jour et nuit, en conversation et en discussion intimes, seul avec son âme, pour celui qui dans sa caverne — elle peut être un labyrinthe, mais aussi une mine d'or — est devenu un ours, un chercheur ou un gardien du trésor, un dragon : les idées finissent par prendre une teinte de demi-jour, une odeur de profondeur et de bourbe, quelque chose d'incommunicable et de repoussant, qui jette un souffle glacial à la face du passant. Le solitaire ne croit pas qu'un philosophe — en admettant qu'un philosophe ait toujours commencé par être un solitaire — ait jamais exprimé dans les livres sa pensée véritable et définitive. N'écrit-on pas des livres précisément pour cacher ce qu'on a en soi ? Il ne croira pas qu'un philosophe *puisse* avoir des opinions « dernières et essentielles », que chez lui, derrière une caverne, il n'y ait pas nécessairement une caverne plus profonde — un monde plus vaste, plus étrange, plus riche, au-dessus d'une surface, un bas fond sous chaque fond, sous chaque « fondement ». Toute philosophie est une « philosophie de premier plan » — c'est là un jugement de solitaire. « Il y a quelque chose d'arbitraire dans le fait qu'il s'est arrêté *ici*, qu'il a regardé en arrière et autour de lui, qu'il n'a pas creusé plus avant et qu'il a jeté de côté la bêche, — il faut voir en cela une part de méfiance. » Toute philosophie *cache* aussi une philosophie, toute opinion est aussi une retraite, toute parole un masque.

290.

Tout profond penseur craint plus d'être compris que d'être mal compris. Dans le dernier cas, sa vanité souffre peut-être ; dans le premier, ce qui souffre c'est son cœur, sa sympathie qui dit toujours : « Hélas ! pourquoi voulez-*vous* que la route vous soit aussi pénible qu'à moi ? »

291.

L'homme, animal multiple, menteur, artificiel et impénétrable, inquiétant pour les autres animaux, moins par sa force que par sa ruse et sa sagacité, l'homme a inventé la bonne conscience pour jouir enfin de son âme *comme d'une chose simple*. Toute la morale est une longue, une audacieuse falsification, grâce à laquelle une jouissance, devant le spectacle de l'âme, devient possible. Considérées à ce point de vue, il a plus de choses qui rentrent dans l'idée « d'art » qu'on ne le croit communément.

292.

Un philosophe : c'est un homme qui éprouve, voit, entend, soupçonne, espère et rêve constamment des choses extraordinaires, qui est frappé par ses propres pensées comme si elles venaient du dehors, d'en haut et d'en bas, comme par une espèce d'événements et de coups de foudre que lui seul peut subir qui est peut-être lui-même un orage, toujours gros de nouveaux éclairs ; un homme fatal autour duquel gronde, roule, éclate toujours quelque chose d'inquiétant. Un philosophe : un être, hélas ! qui souvent se sauve loin de lui-même, souvent a peur de lui-même.... mais qui est trop curieux pour ne pas « revenir toujours à lui-même ».

293.

Un homme qui dit : « Cela me plaît, je le prends pour moi, je veux le protéger et le défendre contre tous » ; un homme qui peut mener une chose, exécuter une résolution, rester fidèle à une pensée, retenir une femme, punir et abattre un insolent ; un homme qui tient sa colère et son épée, à qui reviennent et échoient naturellement les êtres faibles, souffrants, opprimés, et même les animaux, bref un homme qui est né *maître*, — si un tel homme éprouve de la compassion, eh bien ! *cette* compassion aura de la valeur ! Mais qu'importe la compassion de ceux qui souffrent ! ou de ceux-là même qui *prêchent* la compassion ! Il y a aujourd'hui, presque partout en Europe, une sensibilité et une irritabilité maladives pour la douleur et aussi une intempérance fâcheuse à se plaindre, une efféminisation qui voudrait se parer de religion et de fatras philosophique, pour se donner plus d'éclat — il y a un véritable culte de la douleur. Le *manque de virilité* de ce qui, dans ces milieux exaltés, est appelé « compassion », saute, je crois, tout de suite aux yeux. — Il faut bannir vigoureusement et radicalement cette nouvelle espèce de mauvais goût, et je désire enfin qu'on se mette autour du cou et sur le cœur l'amulette protectrice du « *gai saber* », du « gai savoir », pour employer le langage ordinaire.

294.

LE VICE OLYMPIEN. — En dépit de ce philosophe qui, en vrai Anglais qu'il était, a cherché à faire, auprès de tous les cerveaux pensants, une mauvaise réputation au rire — « le rire est un vice de la nature humaine que tout esprit qui pense s'efforcera de surmonter » (Hobbes), — je me permettrais même d'établir une classification des philosophes d'après l'espèce de leur rire — jusqu'en haut, à ceux qui sont capables du rire *doré*. Et si l'on admet que les dieux philosophent eux aussi, ce que je suis fort porté à croire, — je ne doute pas qu'ils ne connaissent une façon de rire nouvelle et surhumaine — et aux dépens de tout ce qui est sérieux ! Les dieux sont moqueurs : il semble même qu'ils ne peuvent s'empêcher de rire aux cérémonies sacrées.

295.

Le génie du cœur, tel que le possède ce grand mystérieux, ce dieu tentateur, ce preneur de rats des consciences, dont la voix sait descendre jusque dans le monde souterrain de toutes les âmes, ce dieu qui ne dit pas un mot, ne hasarde pas un regard où ne se trouve une arrière-pensée de séduction, chez qui savoir paraître fait partie de la maîtrise — pour qui ne point paraître ce qu'il est, mais ce qui, pour ceux qui le suivent, est une obligation *de plus* à se presser toujours plus près de lui et de le suivre plus intimement et plus radicalement ; le génie du cœur qui force à se taire et à écouter tous les êtres bruyants et vaniteux; qui polit les âmes rugueuses et leur donne à savourer un nouveau désir, le désir d'être tranquille, comme un miroir, afin que le ciel profond se reflète en eux ; le génie du cœur qui enseigne à la main, maladroite et trop prompte, comment il faut se modérer et saisir plus délicatement ; qui devine le trésor caché et oublié, la goutte de bonté et de douce spiritualité sous la couche de glace trouble et épaisse, qui est une baguette divinatoire pour toutes les parcelles d'or longtemps enterrées sous un amas de bourbe et de sable ; le génie du cœur, grâce au contact duquel chacun s'en va plus riche, non pas béni et surpris, non pas gratifié et écrasé comme par des biens étrangers, mais plus riche de lui-même, se sentant plus nouveau qu'auparavant, débloqué, pénétré et surpris comme par un vent de dégel, peut-être plus incertain, plus délicat, plus fragile, plus brisé, mais plein d'espérances qui n'ont encore aucun nom, plein de vouloirs et de courants nouveaux, de contre-courants et de mauvais vouloirs nouveaux... Mais qu'est-ce que je fais là, mes amis? De qui est-ce que je vous parle? Me suis-je oublié au point de ne pas encore vous avoir dit son nom ? A moins que vous n'ayez déjà deviné par vous-même quel est ce dieu et cet esprit étrange qui veut être *loué* d'une telle façon. Car, comme il arrive à tous ceux qui, dès l'enfance, ont toujours été par voies et chemins, qui ont toujours été à l'étranger, il m'est arrivé que des esprits singuliers et dangereux ont passé sur ma route et, avant tout et toujours, celui dont je parlais à l'instant qui n'est autre que le dieu *Dionysos*, ce puissant dieu équivoque et tentateur, à qui, comme vous le savez, j'ai jadis offert mes prémices, avec respect et mystère — (je fus le dernier, à ce qu'il me semble, qui lui ait *offert* quelque chose : car je n'ai trouvé personne qui comprît ce que je fis alors). Entre temps j'ai appris beaucoup, beaucoup trop de choses sur la philosophie de ce dieu et, je le répète, de bouche à bouche, — moi le dernier disciple et le dernier initié des mystères du dieu Dionysos. Et j'oserais enfin commencer, mes amis, à vous faire goûter, autant qu'il m'est permis, un peu de cette philosophie ? A mi-voix, cela va sans dire : car il s'agit ici de bien des choses secrètes, nouvelles, étranges, merveilleuses et inquiétantes. Déjà le fait que Dionysos est un philosophe et qu'ainsi les dieux se livrent eux aussi à la philosophie, me semble une nouveauté qui n'est pas sans danger et qui peut-être pourrait exciter la méfiance, surtout parmi les philosophes ; — parmi vous, mes amis, elle trouve déjà moins d'obstacles, à moins qu'elle ne vienne trop tard et à un moment qui n'est pas le sien. En effet, on me l'a révélé, aujourd'hui vous ne croyez pas volontiers à Dieu et aux dieux. Peut-être aussi dois-je laisser aller la franchise de mon esprit plus loin qu'il n'est agréable aux sévères habitudes de vos oreilles ? Certainement le dieu en question, dans de pareils entretiens, allait-il plus loin, beaucoup plus loin, et fut-il toujours de plusieurs pas en avant sur moi... Certes, s'il m'était permis d'agir selon l'usage des hommes, j'aurais à lui donner de beaux noms solennels, des noms d'apparat et de vertu, j'aurais à vanter sa hardiesse de chercheur et d'explorateur, sa sincérité hasardée, sa véracité et son amour de la sagesse. Mais un tel dieu n'a que faire de tout cet honorable fatras, de tous ces oripeaux. « Garde cela, dirait-il, pour toi et tes pareils et pour quiconque en a besoin ! Moi — je n'ai pas de raison pour couvrir ma nudité ! » — On le devine : la pudeur manque sans doute à ce genre de divinité et de philosophe ? — Aussi me dit-il un jour : « En certaines circonstances j'aime les hommes — et en disant cela il faisait allusion à Ariane qui était présente. — L'homme est pour moi un animal agréable, hardi, ingénieux, qui n'a pas son pareil sur la terre, il sait trouver son chemin, même dans les labyrinthes. Je lui veux du bien. Je songe souvent aux moyens de le pousser en avant et de le rendre plus fort, plus méchant et plus profond qu'il n'est. — Plus fort, plus méchant et plus profond ? dis-je, effrayé. — Oui, répéta-t-il, plus fort, plus méchant et plus profond ; et aussi plus beau » — et en disant cela le dieu tentateur se prit à sourire, de son sourire alcyonien, comme s'il venait de dire une ravissante gentillesse. On le voit donc : cette divinité ne manque pas seulement de pudeur... Il y a en général de bonnes raisons de supposer que, pour bien des choses, les dieux feraient tous bien de venir s'instruire auprès de nous autres hommes. Nous autres hommes, nous sommes — plus humains. —

296.

Hélas ! Qu'êtes-vous donc, vous mes pensées écrites et multicolores ! Il n'y a pas longtemps que vous étiez encore si variées, si jeunes, si malicieuses, si pleines d'aiguillons et d'assaisonnements secrets que vous me faisiez éternuer et rire. Et maintenant ! Déjà vous avez dépouillé votre nouveauté et quelques-unes d'entre vous sont, je le crains, prêtes à devenir des vérités : tant elles ont déjà l'air immortelles, douloureusement véridiques et si ennuyeuses ! En fut-il jamais autrement ? Qu'écrivons-nous, que peignons-nous donc, nous autres mandarins au pinceau chinois, nous qui immortalisons les choses qui se *laissent* écrire, que pouvons-nous donc peindre ? Hélas ! rien autre chose que ce qui commence déjà à se faner et à se gâter ! Hélas ! toujours des orages qui s'épuisent et se dissipent, des sentiments tardifs et jaunis! Hélas! des oiseaux égarés et fatigués de voler qui maintenant se laissent prendre avec les mains, — avec *notre* main! Nous éternisons ce qui ne peut plus vivre ni voler longtemps, rien que des choses molles et fatiguées! Et ce n'est que pour votre *après-midi*, vous mes pensées écrites et multicolores, que j'ai encore des couleurs, beaucoup de couleurs peut-être, beaucoup de tendresses variées, des centaines de couleurs jaunes, brunes, vertes et rouges : — mais personne ne sait y démêler l'aspect que vous aviez au matin, ô étincelles soudaines, merveilles de ma solitude, ô mes anciennes, mes aimées.... mes *méchantes* pensées!

SUR LES HAUTES MONTAGNES

EPILOGUE

O midi de la vie ! O temps solennel !
   O jardin d'été !
Bonheur inquiet, debout et aux écoutes ;
J'attends les amis, prêt nuit et jour,
Que tardez-vous, amis ? Venez, car il est temps !

N'était-ce pas pour vous que le gris des glaciers
   Aujourd'hui s'est orné de roses ?
C'est vous que cherche la rivière ; et, plus haut,
Le vent et les nuages se pressent dans la nue,
Ardents à découvrir de loin votre venue.

Dans les hauteurs la table est dressée pour vous : —
   Qui demeure si près
Des étoiles, si près des sombres profondeurs ?
Quel royaume serait plus vaste que le mien ?
Et de mon miel — qui donc en a goûté ?...

— Vous *voici*, amis ! — Hélas ! ce n'est pas vers *moi*
        Que vous voulez venir.
Vous hésitez surpris — ah, que ne vous fâchez-vous !
Ce n'est plus — moi ? Plus mon visage et ma démarche ?
Et *ce que* je suis, amis — ne le serais-je pas pour vous ?

Serais-je un autre ? Étranger à moi-même ?
        De moi-même enfui ?
Lutteur qui trop souvent a dû se surmonter ?
Trop souvent s'est raidi contre sa propre force,
Blessé et arrêté par sa propre victoire ?

J'ai cherché où la brise était la plus aiguë.
        J'ai su demeurer
Où personne ne demeure, dans les zones arides,
Oubliant l'homme, Dieu, le blasphème et la prière,
Moi le fantôme errant sur les glaciers.

— Mes vieux amis ! Voyez, vous pâlissez,
        D'un frisson d'amour !
Non, sans rancune ! Allez. Pour *vous* point de séjour :
Ici, dans ce royaume des glaces et des roches
Il faut être chasseur et pareil au chamois.

Je fus *méchant* chasseur ! — Voyez comme mon arc
        Est tendu raide !
Car c'est le plus fort qui a décoché ce trait — — :
Mais malheur à vous ! *Cette* flèche est dangereuse
Comme *nulle* flèche, — ah ! fuyez pour votre bien !...

Vous tournez les talons ? — O cœur, c'en est assez,
        Ton espoir demeure fort :
Pour des amis *nouveaux* garde ouverte tes portes !
Et laisse les anciens ! Laisse les souvenirs !
Si tu fus jeune, te voilà — jeune bien mieux !

Ce qui jamais nous unit, le lien d'un seul espoir, —
        Qui lit les signes
Pâlis que jadis l'amour y inscrivit ?
C'est comme le parchemin que la main
Craint de prendre, — bruni, brûlé comme lui.

Ce ne sont plus des amis, ce sont — que dis-je ? —
        Des fantômes d'amis !
Quelquefois dans la nuit ils heurtent à mon cœur.
Ils me regardent et disent : « *C'était* pourtant nous ?» —
— O paroles fanées, vous aviez des odeurs de roses.

O langueur de jeunesse qui ne s'est point comprise !
        Ceux que *je* cherchais,
Ceux que je croyais parents à moi et transformés,
Ils *vieillissaient* pourtant, c'est ce qui les bannit :
Celui qui se transforme seul me reste parent.

O midi de la vie, ô deuxième jeunesse
        O jardin d'été !
Bonheur inquiet, debout et aux écoutes !
J'attends les amis, prêt nuit et jour,
Les amis *nouveaux* ! Venez, car il est temps !

★

Ce chant est fini — le doux cri du désir
        Est mort dans ma bouche :
C'était un enchanteur, l'ami du bon moment,
L'ami du midi — non, ne demandez pas qui —
Il était midi, quand *un* est devenu *deux*.....

Nous célébrons unis, certains de la victoire,
        La fête des fêtes :
Zarathoustra vint, l'ami, l'hôte des hôtes !
Le monde rit, le noir rideau s'est déchiré,
La lumière à l'obscurité s'est unie.....

NOTES

Nietzsche écrivit par *Par delà le Bien et le Mal* pendant l'été de 1885 à Sils-Maria et pendant l'hiver suivant à Nice : à la fin de 1886, l'ouvrage était terminé. L'épilogue *Sur les hautes Montagnes* a été composé, à l'exception des deux strophes finales, ajoutées seulement en 1885 ou 1886, en automne de l'année 1884. Ce poème devait primitivement prendre place, probablement sous le titre de *le Désir du Solitaire*, dans un recueil de vers que l'auteur projetait alors.

La première édition de *Par delà le Bien et le Mal* fut imprimée de mai à juillet 1886 chez C. G. Naumann à Leipzig et mise en vente au mois d'août. Le même éditeur publia une deuxième édition en mai 1891, une troisième en juillet 1893, une quatrième en mai 1894.

La présente traduction a été faite sur le septième volume des *Œuvres complètes de Fr. Nietzsche*, publié en novembre 1894 chez C. G. Naumann à Leipzig, par les soins du « *Nietzsche-Archiv* ».

Pour ne point déparer l'aspect du texte, nous avons évité généralement les notes dans le corps du volume, ne donnant au bas des pages que quelques éclaircissements qui pouvaient faciliter la lecture. Nous avons renvoyé à cette place toutes les notes relatives à la traduction :

Page 15, ligne 11, du h. : *niaiserie* — en français dans le texte.

— 18, ligne 4, du h. : *mémoires* — en français dans le texte.

— 24, ligne 12, du h. : *bric-à-brac* — en français dans le texte.

— 25, ligne 13, du b. : *niaiserie allemande* — en français dans le texte.

— 38, ligne 6, du b. : *L'effet, c'est moi* — en français dans le texte.

— 43, ligne 15, du h. : « *la religion de la souffrance humaine* » — en français dans le texte.

— 44, ligne 9, du h. : *Ni dieu ni maître* — en français dans le texte.

— 59, ligne 3, du h. : *nuances* — en français dans le texte.

— 60, ligne 6, du b. : *petit fait* — en français dans le texte.

— 69, ligne 4, du b. : *valeurs* — en français dans le texte.

— 70, ligne 14, du h. : « *il ne cherche le vrai que pour faire le bien* » — en français dans le texte.

— 74, ligne 2, du b. : la citation de Stendhal en français dans le texte.

— 81, ligne 4, du b. : *libres-penseurs* — en trois langues dans le texte.

— 92, ligne 3, du h. : *type vécu* — en français dans le texte.

— 94, ligne 8, du h. : la citation de Renan en français dans le texte.

— 94, ligne 5, du b. : « *la niaiserie religieuse par excellence* » — en français dans le texte.

— 130, ligne 11, du b. : « *Dans le véritable amour,* etc. » en français dans le texte.

Page 137, ligne 10, du h. : *utile* — en français dans le texte.

— 147, ligne 7, du h. : page 148, ligne 11, du h. ; page 150, ligne 9, du h. : *laisser-aller* — en français dans le texte

— 151, ligne 1, du b. : *amour-passion* — en français dans le texte.

— 172, ligne 9, du b. : « *ni dieu ni maître* » — en français dans le texte.

— 179, ligne 4, du h. : *montrer ses plaies* — en français dans le texte.

— 180, ligne 13, du h. : *des plus cultivés et des plus présomptueux* — jeu de mot sur « *gebildet* » et « *eingebildet* ».

— 189, ligne 15, du h. : *tour de force* — en français dans le texte.

— 189, ligne 9, du b. : *Je ne méprise presque rien* — en français dans le texte.

— 193, ligne 12, du b. : *l'art pour l'art*, — en français dans le texte.

— 196, ligne 14, du b. : *esprit* — en français dans le texte.

— 197, ligne 5, du b. : *cet esprit fataliste, ironique, méphistophélique* — en français dans le texte.

— 198, ligne 11, du h. : « *Voilà un homme !* » — en français dans le texte.

— 214, ligne 10, du h. : *bêtise bourgeoise* — en français dans le texte.

— 216, ligne 4, du b. : *désintéressé* — en français dans le texte.

— 218, ligne 11, du h. : *bonhomme* — en français dans le texte.

— 221, ligne 2, du b. : *l'esprit vaste* — en français dans le texte.

— 229, ligne 4, du b. : *ce sénateur Pococurante* — en français dans le texte.

Page 230, ligne 7, du b. : *tartufferie morale* — en français dans le texte.

— 231, ligne 7, du b. : *Sans génie et sans esprit*, — en français dans le texte.

— 242, ligne 5, du b. : la citation de madame de Lambert — en français dans le texte.

— 254, ligne 12, du b. : *raffinements* — en français dans le texte.

— 260, ligne 6, du h. : « *Schneidigkeit* », — « esprit tranchant », « esprit militaire », épithète qui caractérise le mieux l'Allemagne moderne.

— 276, ligne 10, du h. : « *Je méprise Locke* » — en français dans le texte.

— 279, ligne 8, du b. : *l'âme française* — en français dans le texte.

— 280, ligne 2, du h. : *noblesse* — en français dans le texte.

— 280, ligne 8, du b. : *bourgeois* — en français dans le texte.

— 281, ligne 14, du h. : *âme moderne* — en français dans le texte.

— 281, ligne 5, du b. : « *l'art pour l'art* » — en français dans le texte.

— 282, ligne 6, du h. : le texte dit en français « *romanciers* der Zeitungen » et « *boulevardiers de Paris* ».

— 300, ligne 9, du h. : *désintéressement* — en français dans le texte.

— 303, ligne 3, du h. : *bonhomme* — en français dans le texte.

— 307, ligne 2, du b. : *nuances* — en français dans le texte.

— 311, ligne 3, du h. : *Différence engendre haine* — en français dans le texte.

Page 324, ligne 4, du h. : hors du trouble, de la détresse.... jeu de mot sur « trübe » (trouble) et « Trübsal » (détresse).

— 333, ligne 13, du b. : *vertu est enthousiasme* — en français dans le texte.

Henri Albert.

TABLE DES MATIÈRES

		Pages
AVANT-PROPOS		5
CHAPITRE I.	PRÉJUGÉS DES PHILOSOPHES	9
CHAPITRE II.	L'ESPRIT LIBRE	49
CHAPITRE III.	L'ESPRIT RELIGIEUX	85
CHAPITRE IV.	MAXIMES ET INTERMÈDES	115
CHAPITRE V.	HISTOIRE NATURELLE DE LA MORALE	141
CHAPITRE VI.	NOUS AUTRES SAVANTS	177
CHAPITRE VII.	NOS VERTUS	209
CHAPITRE VIII.	PEUPLES ET PATRIES	251
CHAPITRE IX.	QU'EST-CE QUI EST NOBLE ?	291
ÉPILOGUE : SUR LES PLUS HAUTES MONTAGNES		343
NOTES		349

ACHEVÉ D'IMPRIMER

le cinq décembre mil neuf cent trois

PAR

BLAIS ET ROY

A POITIERS

pour le

MERCVRE

DE

FRANCE

Documents manquants (pages, cahiers...)
NF Z 43-120-13

www.ingramcontent.com/pod-product-compliance
Lightning Source LLC
Chambersburg PA
CBHW070846170426
43202CB00012B/1967